ひとりで歩いた幾名山

伊丹耐子
Itami Taeko

文芸社

目次

一五〇〇キロ・三山目指して

雲取山　三度目の挑戦

二〇一四年八月十六日（土）

前日、大阪を午前十一時に立ち、あちらこちらで渋滞にあいながらも、名神高速道、中央自動車道と走り、やっと着いた諏訪湖。

この諏訪湖サービスエリアで、入浴、仮眠と考えていたのに、花火大会とは。

「信州が誇る日本最大級の花火大会。諏訪湖祭湖上花火大会、八月十五日」だなんて、知らなかった。

お盆から帰るラッシュも重なり、付近はＳＡ入口はもちろん、全線身動き出来ず、警察車両のマイクから「左側、ＳＡへの車線は混雑し渋滞で動いていません。東京方面へ行かれる方は、右側車線に出てください。……入ってください」とひっきりなしの案内が聞こえている。

しばらく粘ったが、あきらめウィンカーを出し、トロトロ右車線へ入る。が、これまた少し動いては止まる。

時折、木々の間、空が、音とともにパッと赤く染まり、そこへ雨も降り出し、音も遠くに。車も流れ出し、やがて高速道は街灯、ライトで照らし出され、せわしなく動くワイパーに、激しく打ちつける雨の中の走行となった。

この中央自動車道は、中津川方面から北東に延びていたが、岡谷で東南、東京方面へと向きを変える。長野自動道もこの岡谷ジャンクションでつながっている。

そのジャンクションでの、少しの緊張が過ぎると、道は下りぎみになり、左前方に視界が大きく開けてくる。

晴天時は、広く青い空の下に峰々が見える。一段と背の高い山、あれが美ヶ原、霧ヶ峰か。その麓《ふもと》に盆地、諏訪の町。手前に湖が一瞬見えてくる。その湖の側の高台に、この諏訪湖SAがあり、その展望台から見下ろす景色は思わず、ワァーと声が出るほど開放感があり、長い運転疲れをしばし忘れさせてくれる休憩地で、私のお気に入りのSAである。

だが今は夜、おまけに雨、やっと二十一時三十分、双葉SAに着いた。

明け方五時、雨は止んでいたが、辺りは深い霧の中、とりあえず前へと進み、釈迦堂PAで、天気の回復を待った。しばらくすると、少しはましになるが、山の方はまだしっかり濃霧におおわれている。前回（八月四日～六日）よりも悪い。今回もドライブで終るのだろうか。


二〇一二年秋。十七年前に三十四番札所までで止まっていた、四国八十八ヶ所参りを一気に仕上げた。ふと好きな山歩きは……。幾つ残っているのだろう。あの百名山は……。調べると、ちょうど三十山残していた。そして七十山の内、三十四山は一人で歩いている。三十山か……。今、六十四歳。数なんて数えてなかったが、具体的に、数字が出たら、俄然そのことが気になった。仕上げるなら、今だ。それもここ二、三年の内に。後がない。

最近は、大きな山に行っていない。もっぱら里山歩きで、よく歩いて三、四時間、それも日帰りである。何より、体力、脚力が落ちている。

行くなら一人だ。場所は、日本列島、真ん中辺りに集中して残している。やってみよう。できる所まで、納得するところまで。


小さな家を持って、落ち着いた頃、地域の「山歩会」という山の会に参加。歩きやすい服装でと聞き、キュロットスカート、ストッキング、運動靴。つばの広い帽子、麦わら帽だったかも、でもリボンはひらひらついていた。集合場所で他の参加者を見て、何か違う、違和感がある。リーダーの人も困惑しているような。

「山を歩くんではなく、登るんだ」

初めはいごこち悪かったが、山の中に入り汗をかいて歩いていると服装のことなんか忘れてしまった。一人一人が、みんなに迷惑をかけないよう歩ければ、登れればそれで良し。日常と違う景色、空気、山の中の木々を見て楽しくなった。

帰りの電車で、リーダーの人に「もっと、きちんと説明すれば良かったね」と言われ、「いえいえ、でも足、怪我《けが》しました」「え！　どこを?」引っかかって、穴があいた靴下を隠すため、ハンカチを巻いていたのをはずした。大きな穴があいている。

これにこりずに、また参加してください……。これが私の山デビューでした。


二〇一三年。夏を待って、七月～十一月にかけ、夜行バス、電車、車を使い、十五山を登った。

二〇一四年は車で。八月から雲取山《くもとりやま》を手始めに、目標の十二山の達成めざして歩き出した。ところが、天候不安で、雲取山登山口下、所畑《ところはた》まで来て断念し、約一〇〇〇キロのドライブとなり、下見に終わっていた。

だから今度こそ……。でも、もう引っかかっている。

けれどまた現地まで行ってみようと、八時十二分、勝沼ＩＣを出る。走って行くうちに何と霧が晴れ、青空が見えてきた。

前回も立ち寄った賢そうな甲斐犬のいるガソリンスタンドで、ご主人と言葉を交し、大丈夫、悪い天気じゃないと、励まされる。

青梅街道（四一一号線）九時十七分、所畑に着く。

道路脇の少し広くなっている所に車を止めた。ここでの駐車はとても不安だが。ぐずぐずしていたので、歩き出したのが、十時三十分。

道路から見えていた最初の坂道、急角度を曲ると、つづら折りの急坂が続くようだけれど、運転して上がれないほどじゃないかもと思えた。でも、それは通って初めて分かることで、上の登山口に数台駐車できる所があると分かっていたが、そこに至る鋭角の坂道が上がれるのか、曲がれるのか不安で、下の道路に車を置いてきたのだ。

結局、登山口まで二十分ほどだと、日帰りだと、気持を宥《なだ》め進んだ。

登り切ると、鴨沢の方から上がってくる道で、何人かと合流した。その少し先の左側に登山口。しかし、林道脇に止めている車に気を取られ、どんどん進んでしまった。後ろにいた人達が、いつの間にかいなくなっていて、おかしい、おかしい。

気がせきながらも、ずっと続く林道をもう四十分ほど歩いている。

左の山際に、やっと登り口を見つけた。蛇口が付いている水場もある。そこは集落の端（入口）で、住民らしき女の人、三人が雑談していた。

「雲取山はここから？」と尋ねると、「そうだ」と答えてくれたが、私が登ろうとした登山口はずっと手前で、ここは小袖《こそで》と言われる。

どっと疲れが出た。まあ一服と座り込み、水があるのをいいことに、充分の水分補給、おいしい水だ。バナナを食べる。

三対一で、向かい合って話し込んでしまった。

「まあ、大阪から」

「それも一人で、まあ」

「いやいや、戻らなくても、それを真っ直ぐ上に登り、道なりに行けば、歩こうとしていた道に合流する。あまり変らない」と、何回も言ってくださる。

今年、初っ端の大失敗。登山口を間違えるなんて、記憶にあるかぎり、初めてである。

どこにあったのか。分からない。気を取り直し、引きしめて……。

三人の見送りを受け、登り出したが、十一時三十分。もう一時間過ぎている。気はあせれど仕方がない。日帰りは無理か。

なるほど樹林の中、細い山道をたどっていくと、左手から来る道に合流した。幅のあるゆるやかな良い道だ。

最初の水場で休んでいると、所畑の登り口で後から来ていた女子二人。一人はロングスカート姿で、どこへ行くのかと思っていた彼女達。その二人がやって来た。スカートは着替えている。

じゃあ、あまり時間のロスをしているわけでもないかと思ったが、前日からの車の運転疲れもあり、体も足も重い。お先にどうぞと、追い越してもらう。若い二人は元気に登って行った。

ゆっくり歩いて、七ツ石小屋に着く。十四時。今日はここで泊ろう。食料もいくらかあるし、念のためシュラフカバー、銀マットも入れて来ていた。

素泊まりの小屋は、若い女性の管理人で、水も豊富、清潔な寝具もあり、男性の先客が一人いた（三十代くらい）。

受け付けを済ませ、テラスで山の水を引き込み、水があふれている水槽から冷えたビールをもらい、木々の奥に見える山を眺め、いい所だなあ、ここで休むんだと、ほっとすると同時に、こんな早い時間の山小屋泊まりは、初めてじゃないかな……。

そこへ、パラパラパラッと雨。見る間にザーザー、程なく、どしゃぶり。雷も鳴り出した。

駆け込んできた男性一人。「山は、今日が初めて。でもマラソンは、ずっとしている」

雨に降られても、うれしそう。

「後から二人が来るんです。ここで落ち合う約束で、今日は雲取山荘（食事有）に泊まる予定で、十五時までに来てくれと、言われているのに、今……」と時計を見る。

「十四時三十分」「そりゃ、無理でしょう」私も、本人も、同時に言葉を発した。

大分遅れて、ビニールポンチョ着用、傘をさし、ずぶ濡れの若い男性二人が来た。しばらく雨やどりしていたが、登って行ったのには驚いた。

また男性一人。先程の三人は二十代後半までに思えたが、彼は三十代後半くらい。

「二人で来たが、相棒が遅れ出し、先に行ってくれと言うので、この小屋で待っていると別れ、途中で雨にあった」

相棒は、待てども待てども来ない。分岐《ぶんき》を見落としたのか、予約している雲取山荘を目指したんだろうか。雨はひどくなる一方で、雷もまだ時折鳴っている。

結局、彼はここで泊まる。小屋泊三人。

テント泊だが、雨が止んでから設置したいと待つ、がっしりとした体格の男性（三十代）

と、管理人、計五人。土間で楽しい山の話となった。

テント泊の男性が「男体山《なんたいさん》は裏男体林道を登れば、表より楽、でも登山口に取り付くまでの道がジャリ道で、僕は軽トラックをレンタルして行った」と言う。男体山への貴重な情報だ。後に山地図を見ると、志津乗越《のっこし》（登山口）まで舗装済みとあり、駐車禁止とも書いてあった。

今、山が楽しくて仕方がない様子で、ここ数年色んな山歩きを経験しているようである。

八月十七日（日）
明け方、雨は止んでいて、友達の来なかった彼はもう出発していた。
早くに来ていた人を残して、六時十五分、管理人さんおススメのすぐ上の七ツ石神社、七ツ石山を経由して雲取山へ向かうルートを取る。
ひなびた狭い山道らしい道、霧がまとわりつき、静かに流れる頂上付近。ぬかるんだ傾斜地から見る、雨あがりのすがすがしい朝、ひとりでに笑みが出る。山吹色のマルバダケブキが濃く淡く、そこかしこに群れて咲いていた。

マルバダケブキ（七ツ石山付近）

ヘリポート、奥多摩小屋と見ながら、むき出しの岩混じりの傾斜地を小雲取山を目指し取りかかる。水場は小屋前を少し下るようであった。七ツ石小屋に泊まって正解だったなと思いながら足を運ぶ。

そこへ、三歳くらいのクリッとしたかわいい顔の男の子が、下りてきた。

「まあ、えらいね。もう行って来たの？」思わず声をかけたが、何とも言えない、少しむっつりした顔ですれ違う。

体格の良い男性（三十代前半、父親？）が大きなリュックを背おい、すぐ後を笑みを浮かべて通った。

上から奇声、賑やかな声が聞えてくる。見

上げると、あれ！　昨日の三人組。

「誰や、朝っぱらから、大きな声で。山では静かにせいと、思っていたら、あなた達だったの」

急な下りに、顔を覗かせた三人は破顔一笑。小屋では疲れ切っていた二人も、息を吹き返したようだ。

「雲取山荘には、暗くなって着きました。もう、こうです」と、土下座の格好。

「でも、まだ後から来る人も、結構いたんですよ」笑いながら話す。

若い人は元気で楽しい。きのうは山荘も大変だったろうと少し同情する。

下りてくる人のほとんどが靴、雨具などがしっぽり濡れていて、大なり小なり雨に降られた様子がうかがえた。

ヘリポートの所で、先に出発していた小屋に泊まった男性にも会った。

「もう行って来られたのですね。お友達に会えました？」

笑いながら彼は、「相棒、雲取山荘まで行っていて、途中で会えたので、その奥多摩小屋で待っていてくれと言ったのに、もう下りたみたいで、いない」と、一人で歩いていた。

地図もそのまま、相棒が持っていると言う（管理人さんは、心配していた）。

二人は、山を下りても、仲良しなのだろうか。余計なことだが、そんなことも考える。

小雲取山を過ぎ、平坦な道にさしかかると、前からマウンテンバイクの集団がやって来たのにはびっくり。どこまで行く？　七、八人はいただろうか。

八時四十分、雲取山、二〇一七・一メートル着。

山頂は、年配（男女）グループが、三條の湯の方から上がって来ていた。

上半身裸の若い男性（二十代）が、おぼろな太陽の光を浴びようと、岩の窪地に座り、たばこを吹かしている。

聞けば、山荘で風雨の中をずぶ濡れになりながら、テントを張り、何もかも濡れて、寒い寒い、寒かったと。テントのフライらしきものが、背後の木にかけてある。

色白で端正なほりの深い顔。髪は緑色。小さなお猿のぬいぐるみを首に巻き、肩をすくめて静かに笑みを浮かべ話す。ミュージシャンのガクトの雰囲気。

側にいあわせた人達に、「それは大変だったね」と慰められ、笑われても、結構、本人もうれしそうであった。

そんな時、山はいいなと、いつも思う。

大変をちょっと自慢げに。

得意を少し自慢して。

さもありなんと、事実をそのまま、グループでも、一人でも、みんなそこにいる、現場にいることで共有している。一期一会の仲間達。

小屋に残っていた男性もやってきた。ペットボトルとストック一本持って。そして先に下りた。

九時五分、私も下る。小雲取山を過ぎ、急な下りを下りていると、登りで会ったあの男の子が上がって来た。

「え！　どうしました」

すぐ後ろから、「小屋にタオルを忘れたので取りに戻っていたんです」

「タオル？」男の子のお気に入りのタオルだったそうだ。

私なんか、大人は道中の労力、時間を考え、あきらめるだろうに。小さな彼は大事なタオルを惜しみ引き返し、そしてそれはあった。まあ、思わず絶句して立ち止まり、じっと見てしまった。

その子は肩をすぼめ、両手を前ですり合わせ、はにかみながらも満足そうに、小さな足で上手に岩をよけ、私の前を上がっていった。上部に丸めたマットが見える荷の男性（父親）が、苦笑しながら後に続く。

まだ見ている私に振り返り、笑みを浮かべ、「斜めにトラバースしますから」と言って、登って行った。三峯神社の方に下るのだろうか。向こうの方がきついように思えたが。

彼の意志を尊重して動いた父親を見て、私など、多分大変さに感情をぶつけてしまいそう。頭が下がる。これからもきっと良い親子関係を築いていくのだろう。

あの子の成長も、見てみたい思いだった。そして今日の彼らの無事を願った。

七ツ石山へは行かないで、斜めにトラバースする道を選び、小屋に戻る。

谷からの樹木、枝が足元、視界にせまり、なかなか楽しい小道だった。新緑、紅葉の時は一段ときれいだろうなあ。

「早かったですね」の声に迎えられ、預けていた少しの荷をもらう。

「ここは、色んな人が登りますね」と言うと、

「ええ、本当に。地図を持たないで、町にいるような格好で、来る人もいるんですよ」

やはり東京都の山である。みんなが大いに、それなりに登山を楽しんでいる。

ちなみに、東京都の山であるのを私が知ったのは、皇太子様からであった。年少の頃、学校で先生から「東京で一番高い山、雲取山」と教わったと。後に、山の本に紀行文を寄せられ、その中で述べられていたのである。

昨日の山ガール、二人連れが後から来たのには、お互いびっくり。

「おばさん。もう帰り？」

「エー、早いね。頂上何時だった？　私達、小屋、十時に出て登った」（奥多摩小屋に泊ったんだ）。

「あぁ、それなら遅いわ。その時間は下りて来ていたもの」

「そうなんや。おばさん、私達、バスの時間があるから、お先です」またもや足早に追い越して行った。

下りはずっと、小屋で一緒だった男性と前後しながら歩いた。大柄な少し肥満の体で、足を引きずるように歩いている。追い抜くほど急ぐでもなしと、のんびり続く。登山口を間違えて登って来たと話すと、最後の頃は、さりげなく待ってくれて一緒に着いた。

振り返ると、そこは車が三台止まっていた所だった。しっかりせねばと、自分に言い聞かす。のち改めて、資料を見ていると「見落とさないように」と明記してあった。

青梅街道に下りたとたんに、雨が降って来た。

あの僕はどの辺を歩いているだろうか。麓に着いていればいいが。疲れて泣いていないだろうか。考えても仕方がないが……。

十四時二十分下山。

「道の駅たばやま」へ前日通った道を少し戻った。雨は止む。通り雨だったんだ。

まずは「のめこい湯」に。

この温泉が、道の駅から見下ろす丹波川を挟んだ向こう側にあり、造られた階段を下り、小さなつり橋を渡って行く。山の帰りに入る風呂にしては、少々辛い。

疲れた体での上り下り、風呂上がりに汗をかいてしまう。夏は、少しだが炎天下を歩くことになり、化粧も落とすので日焼けも気になる。

今年二度目にして、達成した雲取山。

さらに言えば、昨年十一月には雁坂《かりさか》トンネルを通って、反対側の三峯神社を登り、日帰り予定の時間切れで、引き返したのだった。つつじが咲く頃、山がきれいだから、その時分においでと、途中の小屋の人に声をかけていただいていたっけ。

だから本当は、三度目の挑戦で登った雲取山。

この山もいろんなコースがある。近くならちょっとしたホームグラウンドにもなる楽しい山に思えた。関東の人達にとっては、まさにそんな山なのだろう。

あの山野井泰史さん（登山家）も奥多摩に住んでおられるという。どの辺《あた》りだろうか。熊にも会うんだ。

明日は赤城山へ。スイッチが入る。

十七時三十分、道の駅出発。青梅街道、圏央道青梅ＩＣへ。

青梅市に入って薄暗くなり、高速道に入るのに大いに迷う。ナビがないので、地図と道路標識がたよりの運転である。

高速に入ってすぐ、狭山ＰＡで車を止め、この先を確認する。

鶴ヶ島ＪＣＴ↓寄居ＰＡ↓藤岡ＪＣＴ↓高崎ＪＣＴ↓前橋↓駒寄ＰＡ。関越自動車道と、

大きく紙に書き出し、ダッシュボードの上に置き走る。

ジャンクションや、「寄」「崎」やら、「橋」やらとややこしい。高崎も前橋も聞いたことはあるが、どれが先やら後やら、さっぱり覚えられない。

最近、限られた日数で、目的地まで路線バスだけを使って旅するテレビ番組が、タレントの太川陽介さん、漫画家の蛭子さんのコンビで人気が出ているが、その時その場で状況を判断し、自分達で作る旅はいくらか共通点があるように思えた。

駒寄ＰＡ、二十一時四十分着、車中泊。

赤城山　のんびりと……

八月十八日（月）
五時三十分に起き、渋川伊香保ＩＣ出る。
七時三十分、赤城山登山口に。赤城山は山体の集合で、最高峰は黒檜《くろび》山《さん》で一八二七・六メートルだ。

七時五十五分出発。初めから急登。樹木の中をゆっくり真っ直ぐ、自分のペースでと、のんびり歩く。いや、急登だからのんびりは歩けないが……。

今日は楽勝。空は快晴。途中、視界が開け、大沼が見える所で休憩を入れ、九時二十分頂上に。上には祖父、父、子の親子三代がいた。左へ少し奥の展望台まで足を運ぶ。

往復と思っていたが、駒ヶ岳を通って周遊する人がほとんどのようで、時間を比べてみると、車の所に戻る車道を入れて、四十分が余計であった。

雲が上がって来ていたが、そちらへ回ることにした。慎重に、でも次々と現われる景色を楽しみ、急な下りの鉄階段は少しおどろいたが、元気に歩けた。十一時七分登山口に降り、大沼を左に見ながら、黒檜登山口の方へ、車の所に戻る。

啄木鳥《きつつき》橋で車を止め、画家気どりで道を挟んだ対岸の大沼に浮かぶ赤い橋、赤城神社をスケッチする。

駒ヶ岳付近ですれ違った夫婦が、気楽な様子で前を横切った。ここは半日登山、半日観光と、年を重ねても楽しめるなと思えた。

十三時三十分、ビジターセンターの売店で、コーヒー（久しぶり）と、水一リットルも

黒檜山展望台から望む山々

赤城神社

らう。山に近い所は、お水がおいしい、必然的にコーヒーも。

赤城道路（四号線）を下り、道路右側のふじみ温泉に行く。温泉は、六十五歳以上が証明できたら、三〇〇円（五一〇円のところ）となり、ＪＡＦでも割引可能（五〇円）とある。ぎりぎりで資格があるのがいまいましいと言えば、そうだが、三〇〇円でも有難いし、やはりうれしいか。

隣接している道の駅で、トマト、あんず、ヨーグルト、おこわを買った。

ここに来る途中から近づくにつれ動物のフンか肥料の臭いが、生暖かい風にのって、フワァ、フワァとただよっている。鼻を押えている人もいたが、中で土地の人に尋ねると、近くに牧場があり、その日の風向きで、臭うという。いい香りではないが、旅をしていての醍醐味、なかなか面白い出来事であった。

辺りが高原だからか、町全体がのんびりと豊かに、うるおっているよう。人々の様子にも余裕があるように感じられた。私の今日のスケジュールも、そう思うのにプラスしていたかも知れないけれど……。

十六時六分、伊香保ＩＣに入る。明日は丹沢山だ。東京方面に向かう。上りはやはり混んでいる。上里ＳＡ、十七時十三分着、二十時五十分出発。

海老名ＳＡで仮眠と計画し、二〇一三年、開通した圏央道――グッドタイミングである。これが出来ていなかったら、もっと渋滞に巻込まれてもいたし、土地勘のない道路で、なかなか大変であったろうが――を上の標識に導かれるままに走る。

海老名ＪＣＴ、名神へと。う〜ん。思い違いに気づく。

海老名ＳＡは、一つ東京寄りだ。ＪＣＴより向こうだ。流れのままに名神へ入り、早く休憩したい、次のパーキングへと走るが、とうとう秦野《はだの》中井も過ぎ、初めてのパーキングが中井ＰＡ。

二十二時四十分着。ここで仮眠、疲れた。もう二十三時近い。早く寝なくては。

丹沢山　水のボランティア

八月十九日（火）
丹沢山へと五時五十分出発。

計画の時点で、秦野中井ＩＣを降りての道を考えていたので、大井松田ＩＣからも下を走ろうかと思ったが、朝早く知らない道を走るのは、かえって時間、神経を使うだろうと、ＩＣを出てすぐＵターン、上り返し秦野中井へ。高速道を一区間戻る。

やはり、大正解であった。初めに描いていた通り、スムーズに六時三十分、大倉尾根、丹沢登山口駐車場に着いた。本日も晴天。

標高差約一二〇〇メートル。六時四十五分、歩き出す。

何回も休憩。人の手がしっかり入っている階段、展望のない幅広い道をひたすら登る。疲れて八つ当たりぎみ、何て山や、これが百名山か、嫌な山だと、ぶつぶつ思いながら休んでばかり。

だが視界が開け、下界を見下ろせる所に出ると、なるほど、ここへ来る人が、大勢いるのも分かるなあ、に変る。相模湾、海が見えるのだ。

いつもの、山に登る行為に必要な辛抱を思い出し、自分の力のなさを棚に上げ、愚痴《ぐち》りながら登る、素《す》の自分を大いに反省した。

途中、堀山の家付近で見かけた一人歩きの女性――ゆったり静かに登って行かれたのを見送った――が下りて来られた。

「もう、行って来られたのですか」と聞くと、

「はい、私百名山はもう終っているんです」と笑顔で、すれ違った（同年齢くらい）。

ここはホームグラウンドなんですよ、と言うような足運びだった。

休み休み、花立山荘《はなたて》、花立と過ぎ、とうとう塔ノ岳《とうのだけ》に着いた。

十一時四十分着。資料では三時間三十分はみておこう、だったが、大幅に超過。五時間かかっている。何とも情ない。ここで休もう。ずっと運転もし、二日間、車で泊まったんだもの。

登りに声をかけあった御夫婦が、そっと、「塔ノ岳もいいけれど、丹沢山はお布団がきれいよ」と教えてくださっていた。

そして、やはり寝具は湿っぽく重かった。山荘は男所帯みたいだったけれど、女の人がいれば、もう少しその辺は変わっているんじゃなかろうか。微妙な言い回しで、教えてくれていた彼女の口調、好意は感心もし、心に残った。

初め一人だった部屋は、三人になった。同室となった二人の女性も、ともに一人登山で、

この山のことはよく知っておられ、色んなコースを話されていた。
ご主人と散髪屋（本人の言葉）を経営している方と、もう一人は、食堂でトマト、キュウリ、りんごなどを出し、サンドイッチを作られていた素泊りの人。彼女は飲み水も――ユーシン方面に八分ほど下った所の水場からのものだと思うが――余分に持っておられ、小屋に提供されてもいた。

八月二十日（水）
明け方、サンダルを引っかけて、早朝の御来光を見る。小屋前から見るのは久し振り、有難うと手を合わせ、振り返れば、朝焼けの富士が真後ろにあった。
本日も晴天。六時四十五分、尊仏《そんぶつ》山荘出発。七時二十五分、丹沢山一五六七メートルに。八時四十分、尊仏山荘に戻る。飲み水一リットルを買う（念のため）。八時五十分、小屋出発。大倉へ来た道をと思っていたけれど、部屋の人に、鍋割山《なべわりやま》経由で周遊できるコース、それも変化があっておもしろいよ、下山してからの林道歩きが少し長いのが難だけど、教えられていた。

略図、地名をメモっていたので、それを頼りに向かうことにした。

金冷し《きんひや》、大丸・小丸と朝方の尾根歩き、緑の木々の中、静かな小道を一人歩く。やがて建物が見え、回り込むと明るく開けた所に出た。

鍋割山山頂だ。十時着。ここでも富士山が見える。

大きい荷を背おって、数人の男性が反対側から登って来た。

彼らが来た道、後沢乗越《うしろざわのつこし》へ向かう。カヤトの中を、やがて樹木の中、かなりの急下降の道に入る。バカ尾根もしんどく思えたが、上りにすれば、ここもむき出しの木の根っ子、大きな岩などを跨《また》ぎ、避けてと、暑さの中、体力を奪われるだろう。上って来る人達は、一様に疲れた様子であった。

ヤセた尾根に、後沢乗越分岐があり、ここからも下りだが、足元は歩きやすくなりリズムよく歩けた。しかし登りになると、やはりこれもきつい傾斜だろう。

そうこうしているうち、沢に着き水場に出た。顔を洗い、頭に水をぶっかけ、すぐ前に来ている林道を行く。幅広い水の流れに丸太の橋が、それを渡った所に、たくさんのペットボトルと、男性が一人立っていた。反対側には腰をおろしている人がいる。

その人に「こんにちは」と声をかけ、チラッと水の方を見たが、物売りでもなさそう。少し笑いながらこちらを見ていた。が、声をかけられないよう、足早に通り過ぎる。また出て来た流れを横切り、前方を見ると、その先は本格的な林道のようだ。

時間は昼時。よし遊んで行こう。冷たい水に足をつけ、岩にもたれて、谷からの風をうけ、水の流れ辺りの木々空を眺めながら、しばし休憩。

静かな中、気がつけば、水の音、流れだけが、やけに大きく騒いでいる。十二時三十分、長い林道を想像しながら、さてと歩き出した。

しばらくすると後ろから、あの橋の所で挨拶した人が追いついて来た。抜いてもらおうと端に寄る。

「あれ！　先ほどの人ですか」「……ですね」笑い合う。

「はあ、もう林道ですので、最後の水場と思い、遊んでいたのです」

「僕は、あの人はずっと先に行っているはずだと、思いながら近づいたんですよ」

並んで歩き出す。

「私は、昨日から入り、今日は下山です」

「僕は、病院へ薬をもらいに。帰りにこちらに下見をかねて、そこまで歩いて来たんですよ」

「え！　病院の帰り？　どんな病気ですか」

勢いで言葉が出たが、つまらんことを聞いたと思った。その返事はなかった。

住まいは小田原提灯（確か、そうおっしゃったと思うが）だという。山のグループの世話役をしていて、今年も富士山へ行く計画をしていたのに、このところの天候不順で、まだ果たせていない。四人グループで個人的には登っているのだが、という。

でも、きのう今日は快晴。私も六月から十月にかけて、百名山を仕上げようと、考えていたのに、まだこの八月が初めてと話す。

会話の中で、ペットボトルの傍《かたわ》らの男性は、登山者に鍋割山荘まで、水を運ぶボランティアをお願いしている人であることが分った。鍋割山荘ではお水を持ってくる人達に、千円で暮（新年？）に鍋焼きうどんが、ふるまわれる催しがあるという。

だが、この話は、前はそうであったのか、私の勘違い、聞きまちがいだ。

山荘の鍋焼きうどんは有名で、これが食べたいだけに登る人が、大勢いるようで、行けばいつでも食べられる。水のボランティアとは別のようである。

そのボランティアの件は、後沢乗越までの下りで、すれ違った男性が、立ち止まり、「いやぁ、三リットルも持つのは、えらいですわ」と話されていたっけ。

「でも、頑張った分、上では楽しみですね」と言ったが、少し違ったんだ。

何だかんだと、一期一会の気楽さで、話しながら歩く。

「よかったら、この先に車を止めているので、大倉の登山口まで、少し回り道になりますが、お送りしますよ」とおっしゃってくださった。

「二十分は早いんじゃないかな」

（二十分なら気楽に一人で歩くのもいい……、また、そう覚悟しているし。ここまでの会話は楽しめたし、いい出会いで……）

誠実なきちんとした人のようであったので、「じゃあ、お言葉に甘えて、お願いしようかな」「ぜひ」

十三時十五分、大倉登山口の駐車場に楽にたどりつけた。思いがけない親切を受けて、より一層楽しい山旅となり、車も駐車場で無事二日を過ごしていた。

高速に入る前に、ガソリンを満タンにとスタンドに寄る。

車に水抜き入れてませんね。入れませんかと、熱心に（しつこく）勧められた。知らない土地で、変ったことをするのは、不安だったので、断ったが、後日、気になって、いつものスタンドでこのことを話すと、最近の車では、それは必要ないです。ご希望なら入れますがと言われる。

足柄《あしがら》SA、十四時三十分着。かねてから調べて、楽しみにしていた、ここの「あしがら湯」に入る。時間的に早いのか、一組の親子が入っていただけであった。

展望風呂から金時山が見えた。その金時山は、青春18切符を使い、前日福井県の山で満開のカタクリを見、その足で大垣から夜行列車「ムーンライトながら」に乗り、翌日、早朝の横浜を下り返し、足柄駅から足柄峠を経て行った。

春先の雨の中、ぬかるんだ坂道、急階段を上り、頂上は何も見えなかったっけ。晴れであれば、昔話とともに目の前の大きな富士山に感動するはずだったんだが。下山後東京の孫にも会いに行ったんだ。――あの頃は元気だったなあ。ずい分前に思える。

温泉は、きれいな畳の休憩室もあり、体も伸ばせて、有難かった。

足柄ＳＡ、十七時二十五分出発。牧之原ＳＡ、刈谷ＰＡ各休憩。

八月二十一日（木）

桂川ＰＡ（名神高速道）〇時十五分着、三十分休憩。

吹田ＩＣ～堺ＩＣ～自宅。二時帰宅。

八月十五日～二十一日。三山を登る。走行距離、一四八六キロ。車はアクア。燃費良し。

目標としている九七山に、残りあと九山となる。

二〇〇〇キロ・九山連続

平ヶ岳　雨後ち晴れ、落しもの

九月四日（木）
堺ＩＣ十四時二十分、高速道に入る。桂川ＰＡ、多賀ＳＡ、恵那峡ＳＡ、各パーキングで休憩。駒ヶ岳ＳＡで仮眠。

九月五日（金）
駒ヶ岳ＳＡ四時五十分出発。諏訪ＩＣ六時十分出る。白樺湖、大門峠へ。
昨年この辺りを行ったり来たり、幾度となく走ったなあ。

今日は早朝の道をスムーズに進む。赤い屋根の建物が、周りの樹木と湖にとけ込んで、ハイカラな景色を見せてきた。

峠で車を降り、爽やかな高原の涼気に触れようと辺りを少し歩いた。今回はここを真っ直ぐ進み、沼田ICから関越自動車道に入り、平ケ岳《ひらがたけ》を皮切りに南下の計画だ。帰りにここまでたどりつけたら、ここでスケッチもいいなと付近を眺めながら考える。

一五二号線。下丸子。八一号線に入る。

八時三十分「雷電くるみの里」に。やはり、昨年この道の駅を探し、暗い道を走ったなあ。資料では「ここは夜も見回りがあり、安全なPA」とあったが、女一人の車中泊は心細く、とても不安だった。

今日は、道中少しくらい迷っても、車の少ない朝方だし、野菜市のお客さんもいて、何だか楽しい。知らない土地は、明るい日中に走るべしを再度、心に留める。

トマト一袋、プルーン一パックを求める。助手席の足元に置き、つまみながら走る。洗わないよ。服でこすりそのままかじる。

九四号線。田代。一四四号線。大津でガソリンスタンドに立ち寄り、満タンとする。

「八ツ場《やんば》ふるさと館」で豆入り大福を買う。

どの道を通ろうか。検討の段階で地図に八ツ場ダム、ふるさと館が出てきた。民主党政権時代のダム中止問題で、テレビが大きく報じた、巨大な鉄橋はどこだろう。それも、このルートを選んだ理由であった。ここにかかっている橋が、それだろうか。分からなかったが、中途まで歩き、黄金に色づく田を見下ろした。

そしてこの時期（九月）取材に答えていた住民の方が、「小渕議員は熱心に、気にかけてくれている。いい先生」と名をあげて、語られていた。

ダム工事は政権が変り、再開となったが、あの人はここの人なのだ。どんなふうに熱心なのだろうか。何を熱心にするのだろう。いい先生ってどういうことでいい先生なのだろうと、少し引っかかっていた。そして、十月、小渕議員はお金の使い方を追及され、大臣を辞した。

「岩櫃《いわびつ》ふれあいの郷」に寄る。温泉は時間制であるが、今日（金）はフリータイムらしい。昨日から高速自動車道を走り、車中泊もしたので、昼日中の入浴は、雨も降って来ていたが、いい気分転換となった。

中で「いい温泉ですね」と話しかけたら、

「う〜ん。あちこち温泉めぐりをしているので、まあ普通。天狗の湯はいいよ」

それは手前にあったらしいが、道から分かりやすく駐車場も広いここで大いに満足した。

十三時十分出発。中之条、一四五号線（地図上で北）、ロマンチック街道、沼田めざして走る。十四時、沼田ＩＣ〜十四時五十分、塩沢石打ＳＡに着く。

銀山平《ぎんざんだいら》の宿「樹湖里」に電話を入れ「平ヶ岳送迎登山」を打診すると、「九月六日泊、七日登山。ログハウスで良ければ、女子一名いける」。願ってもない話だ。

ついでに、そこへ行くには枝折《しおり》峠経由三五二号線か、シルバーライン。どちらが走りやすいかと尋ねると、「シルバーの方が早く着きます」だった。

今日はここでゆっくりして、明日朝から、のんびり平ヶ岳、銀山平の宿にと決まった。

ＳＡとあったのでどんな大きな所なのかと、思ったが、小さくてＩＣ（出口）と併設していた。野菜定食を食べ、炒り豆二袋も買った。

夜になっても、数台の車とトラックがエンジンをかけながら止まっていたので少し安心する。目立たないように、いつものように明るい所で、窓をマットで囲み、睡眠薬一錠を飲み、眼をつむって眠る。

九月六日（土）

五時五十分出発。小出ＩＣを六時十三分に出る。

その間、高速自動車道。車窓を流れる景色は、深い朝もやにしっぽりと包まれた山が、すぐ際に迫ったり、かと思うと、遠くで薄い霧をまとう山並に、黒色で縁取《ふちど》られた窓枠、キリッと傾斜した黒い屋根の家々が、取り入れ間近の黄金色の田の中に点在し、見事なコントラストを見せていた。

次々と過ぎ去っていくそれら一コマ、一コマは、切り取って額に入れたい絵画のようであった。

ＩＣを出てすぐ、道路沿いのコンビニで、今回予定の山地図、九山、取りあえず、全部、部分コピーする（軽量化と、直に書き込めるように）。

銀山平への道、Ⓐシルバーラインか、Ⓑ枝折峠（三五二号線）か、まだ迷っていた。

参考にしていた本では、Ⓑはカーブ多く山道。止めた方が良いと、Ⓐを勧め。大阪を出るときの役場への問い合せは、Ⓑも道は舗装していて通れますよ、と返事をもらっていた。この現地への問い合わせというものを、私はわりと大事に考えている。出かける当日までの現地の様子、登山口までの道路状況などを、また地元の人のその山に対する思いや登山者への気持ちなどを、電話口で応対してくださった方々の言葉、口調で探る。実際の生の声を聞いて、自分の想像との違いや、未知に対する不安の解消、進んで良いのかと判断する手段の一つとして行う。

この枝折峠も、なかば否定だろうと尋ねた私の問いに、若い女の人だったが、案外簡単そうに、肯定的に答えてくださった。

いよいよの分岐手前で、年配の女性だったが、散歩している人にお宅はどちらの道を通っているかと尋ねた。

「私は運転しないから、分からないが、Ⓐは道がいいので、よく事故があるみたい。救急車が走っていくよ。でも、ほら、大体みんな、そちらの方へ行くけれどね」と、指差し話してくれる。

やはりⒶかあ。また少し進み、今度は玄関先で花に水をやっていた男性に聞いた。

「Ⓑ。この時間なら、車も少なく下りてくるのもない。通行止めもなく、ゆっくり行けば、大丈夫」と、力強く言ってくださった。

よくよく考えれば、この言葉が聞きたくて、ぐずぐずしている自分を発見し、苦笑する。道が良くても、トンネルばかりより、早朝の山道を走る爽快感や、怖いものみたさへの好奇心も抑え難く、この言葉でⒷを通ると決めた。

日、祝はバスも通っている。麓の集落を抜け、明るく開けた谷を見下ろしながら、かなりの数のカーブをゆっくりハンドルを切り、徐々に上がって行った。

途中、路肩工事の看板の側に、もう来られていた男性二人。思わず、窓を開け、「ご苦労さまです」と、頭を下げた。

少しびっくりされたが、「気をつけて通ってください」と、笑顔と言葉が返って来た。

――車での旅で、道路補修工事は、心より有難いと思っている。

道幅は、すれ違うには難かしいなと思える所もあったが、どんどん高度を上げて、やがて、稜線上の平らな広い所に出た。

枝折峠だ。立派な駐車場、トイレが設置されていて、すでに満杯で、手前の少し広くなっている道にも、たくさん車が止まっていた。ここも越後駒ヶ岳の登山口だ。

一組の男女が、トイレ横の斜面を登って行くのを見送る。

次に考えている駒ヶ岳の良い下調べになり、駐車場のことも考えると、取り付きは、朝早いほど良いなと思えた。

ここを下り切った所が、今日の宿、銀山平だ。途中しっかり舗装された、広いカーブで車を停め、目の前に見えるどっしりと雄大な荒沢岳《あらさわだけ》（一九六八メートル）をスケッチしようとしたが、濃い霧がかかってきて、全く見えなくなる。

こちらの道は、上がってきた道より、気分的にも随分走りやすく距離も短く感じた。

銀山平への道に突き当り、宿は右側だが左側に走り、少し付近を散策する。

シルバーラインの出口——帰りは、こちらを通ってみようか——キャンプ場、湖を見て回り、Uターンして、静かな強い陽ざしの中、前方に越後《えちご》駒《こま》ヶ《が》岳《たけ》、右側が湖につながる河原を、左は灌木《かんぼく》、雑草で、その奥には樹林帯、さらにはもっとずっと奥には荒沢岳があると思われる方向を今日の宿めざし走る。

数分で銀山平温泉地、ログハウスの集落に着いた。

今日の宿「樹湖里」は、道路添いの右側、一番手前で豊かなよく手入れされた木々の間に、ログハウスが五、六棟ほど。左奥の一棟は、二階が自宅兼食堂、事務所で、敷地内にはパラソル下にテーブル、椅子も設けられて、くつろげるようになっていた。

集落は、銀山平湖畔（奥只見湖《おくただみ》）より集団移転した民宿で、奥の行き止まりの道を挟んで、それらが建っている。

チェックインまで、まだまだ早い。入口に近いログハウスの敷地に車を乗り入れ、スケッチブックを持って遊歩道に入った。駒ヶ岳がくっきり目の前に見える道の脇の、クマ笹や低い灌木の間に腰を下ろす。

夏の名残《なごり》の照りつける太陽と、鼻先の草の匂い、シーンとした中に、身を置いていると、横から熊がひょっこり顔を出しても、おかしくないように思えるし、私がここにいるなんて、誰も知らない。

曲線の遊歩道の片側から、クマ笹、雑木林、その奥に樹林帯、低い山、そして中央に高く稜線が見える越後駒ヶ岳と画面に配置する。明後日はあそこを歩くのかと、青い空、雲の間の峰に目をこらす。

動いているものはないか、人影じゃないか、薄茶や緑っぽいのは岩肌や草木・灌木かと、楽しい想像をして遊ぶ。

絵はいつものように苦戦する。思うような色が出せない。景色に負けている。

車に戻り、突き当りの温泉に。受付では、四、五日前に集落の奥の渓流を渡っていた熊の写真が、数枚置かれていて、注意をうながしていた。

そうこうするうちに、チェックイン。

案内された宿は、道から二つ目のログハウスで、外から見ると三階建て。一階がコンクリート打ち（物置、作業所等）の土台で、外の階段を上がって二、三階が室内ということになる。玄関、簡単な台所、トイレ、ソファがある居間。奥に一部屋あり、居間横の階段を上がり切った左に小部屋、右に広い部屋がある。

私は左側の小部屋に案内された。鮮やかな赤い花柄のカバーがかかったふかふかのベッドが一つあり、こぢんまりと清潔な部屋で、心がはずんだ。立派な丸太のすてきなログハウス。

話の中で、「え！　もうお風呂に入って来られた？　しまったな。残念。声をかけていただいていたら、利用券お渡ししたのに」と改めて温泉の利用券手渡される。無駄になるので、もう一度食事前に入りに行った。

夕食時間は六時だったか。本館で宿泊者全員が顔を合わす。登山者、八名。

もう一つのテーブルには、今日渓流釣りに行っていた人達が、賑やかに揃った。

私達は、明日、宿のマイクロバスで、平ヶ岳登山口まで送迎してもらう登山者で、山の案内と注意事項を、説明された。

まず、天気予報。「明日は雨」ウェー、最初から雨か。

「早朝四時出発、登山口駐車場五時三十分着」とのこと。

この平ヶ岳は深田久弥《きゅうや》の頃から、鷹ノ巣（尾瀬の方）を登り、十、十一時間かかる、登頂が大変な山であった。

私の知り合いグループは、そこを日帰りで登っている。その機会を逃した私は、一人で登るのは、行程の長さも、安全面からも難しい、無謀な行為だろうと思っていた。しかし、ここ何年か、反対側のこのルートがあると知った。

九月七日（日）

暗闇小雨の中、四時前に集合、八名のうち同じログハウスのご夫婦が、雨だからと止められた。ご主人はすでに鷹ノ巣から登っておられて、今回は奥さまと一緒に、このルートを申し込まれたのだが。

初めから雨具をつけ、マイクロバスに乗り込む。

「雨は十時頃まで降るようで、途中の道路状態が悪く、昨夜からの雨量によっては、不通かもしれない所がある。その時はあきらめてください」と言われた。

二人連れの男性と単独の男性が二名、あと一名は九州からの参加で、こちらから入り頂上テント泊、明日、向こう（鷹ノ巣）へ下る男性（同年齢くらいか）と私で、計六名である。

真暗い中、ライトに照らし出された雨を見ながら、雨池橋まで順調にくる（ここから一般車不通）。車は止まり、ゲートを開けるが、各宿からのマイクロバスが前で止まっていた。宿の主人も降りていき、相談している様子。

少し待っていると、先の車が、いきおいよく谷に流れ落ちている水の中を、ゆっくり、右に左にゆれながら通った。私達の車も続いて通過する。車はそのまま、ダートの道をゆるやかに進み、一二七〇メートル、駐車場、登山口に。

宿の主人が、再度、注意確認。「遅くとも、頂上十時には下りてください」と。

余談だが、雨池橋（約八〇〇メートル）から自転車で、一四キロのダートの道を上がっていく人もいるらしい。

私の平ヶ岳登山は、この送迎付きで実現でき、今の自分の力を考えて、正解。有難いと思った。

そして大阪を出てから、人とあまり話をすることがなかったので、共通の話題で一夜の山仲間がいるということも、うれしくて外は雨でも暗くても、大いに心強かった。もちろん、きっちり、しっかり登ろうと、気合も入れたが。

宿の主人（兼運転手）に、気をつけてと、見送られ、他の車の人達に混じって歩き出す。

少し行くと、中ノ岐川にかかるしっかりした木の橋が出て来た。宿の人達によって整備されているらしい。渡り切ったすぐ側に、水場があり、飲み水を補充した。

薄暗い樹林帯の中、急登の道が始まる。深くえぐれ、木の根が張り出し、足幅一杯の上り、粘土状ですべりやすい足元と、なかなかの道だ。前後の人達と抜きつ抜かれつしながら登る。やがて、雨は小雨となる。

五時二十分出発。五葉松六時着。十分休憩。持っている地図では、玉子石分岐まで三時間とあった。

六時五十分~七時。脇に寄り「八ツ場ふるさと館」で買った大福を頬張っていると、若い男女。

「ア！　僕の一番好きなもの、食べている」

「ほんと、私の分ないのかな」

声をかけながら抜いて行く。「ごめん」と、あわてて飲み込む。

かなり上がって来たのだろう。左側いつの間にか木々が低くなっていて、近くの山並や、後方の樹林帯が黒い緑、濃い緑に白い濃霧をまとい、幻想的な姿を見せている。

七時四十分、玉子石分岐手前から小雨だった雨も止み、視界が開け、ゆるやかな道、木道が出てきた。

早朝の雨あがり。空もしっかり明るく、爽やかな風に霧が払われ、あたりの池塘《ちとう》、草原をくっきり見せている。

それらを愛《め》でながらも、滑りやすくなっている足元、木道に気を配り進んで行く。

左手湿原の奥、歩いているこの台地から、遠く雲海をへだてて、青黒い山々が夜明け直後、寝ぼけ眼の様子で、ポツポツと頭を出している。

池ノ岳分岐から水場へと下り、目の前に黒く見えていた平ヶ岳へ、ゆるく登り返す。

ここで大失敗。腕からはずし、カメラと一緒に、雨具のポケットに入れていた時計を、カメラの出し入れの際に、落としたのだろう、なくした。

表面が曇ったようだったので、用心したのが徒《あだ》となる。古い時計ではあったが……。

以後携帯電話で間に合わすが、不便この上ない。少なからず重量もあるし、持って歩く、ポケットから取り出し見る。この動き、一連の流れがずい分気持的にも負担だった。

八時三十分、平ヶ岳（二一三九・六メートル）三角点に。少し奥のつき当たりまで行き、最高点（二一四一メートル）。

辺りがグルッと見わたせたが、時計のことで心が騒ぎ、どこで落としたのだろうかと、それまでの行動を思い返したりで、景色を楽しむような状態になく、そそくさと山頂を離れた。池ノ岳には回らないで、元来た道、木道を探しながら戻ったが、まあ、無理。

分岐で、九州から参加の男性が、ここにテントを張ると座っておられた。

雨も止んで、今夜はお酒をお供に、静かな夜を独り占め。広すぎて少し淋しくないかなぁ。星が見えるだろうか。

「僕も、途中で帽子をなくした。山友達のかたみだったんだが……。まあ彼も、山に連れてきてもらってよかっただろう」と、言われたので、

「ベージュだったのですか」と聞くと、

「いや、白だ」

私はあの帽子かと思い浮かべていた。

(彼は帽子をかぶり、私の前の席に座っていた)

「帰りに見つけたら、届けますよ」

「う~ん。じゃあ、樹湖里に預けてください」

と別れた。

分岐をまっすぐ進み、行きにスルーしていた玉子石を見に行った。

玉子石付近から左の平ヶ岳へ向かう

玉子石湿原

手前の岩に乗り、玉子石と奥の池塘が入るように、居合わせた人に、シャッターを押してもらった。

時間は充分ある。下りは楽しみながら、ゆっくり下りよう。

中頃で帽子を見つけた。やはり、見覚えのあるあの帽子、ベージュだと思ったがアイボリーだ。ぬかるんだ道の真ん中、黒い土の上に明るく見えた。

重い荷の彼はゆっくりと登り、一人の私は時計のことも気にかかりで、早々と下山したものだから、ずっとそのまま踏まれることもなかったのだろう。

リュックに入れようか。思案しながら手に持っていたら、見事にぬかるみに足を取られ、滑る。とっさにお尻は浮かしたが、太股横に泥がべったり。やれやれ。

急勾配のぬかるんだ道、こんな所を登ったのかと。上りは雨も降っていたし薄暗く夢中だったので、分からなかったが、帰りは周りもしっかり見え、気持ちに余裕がある分、考えもおよぶ。

この山に限らず、今回登った山、どの山も下りは、こんな道だったのかと、感慨深く歩いた。

橋がかかる水の流れに出た。駐車場はすぐそこだ。

足元はしっかり汚れている。水際でストック、スパッツと泥を落とし、彼の帽子も滑った時に余計に汚したなと水洗いする。

もうおしまいかと名残惜しい思いで、側の岩に腰かけた。さっと濡らした顔に川をわたる風が心地よい。

勢いよく岩に当たり、白く砕けちる水の流れ。規則正しく渦を巻き、急いで過ぎ去っていく水を、ぼんやり眺めていると、透明なビニールの膜が張っているようにも、黒いタールのようにも思えてくる。

車で来た二人が見えてきた。先に二人連れを見送ったし、これで帰りの五人全員下りたんだ。十一時四十分、駐車場に。十二時過ぎ、こぢんまりとしたグループの私達が、一番先に出発。

時計はなくしたけれど、楽しく、よく連れて行ってくださった。さらに登って来た満足感で見る、山頂付近のしっとりした情景を思い出し、朝方の雨にも感謝する。

宿の主人は、出発してから一時間くらいは、戻ってくる人がいるんじゃないかと、思っていたと話される。

昼間みる林道は、中ノ岐川が流れる谷の左側に、山肌をけずり、縫うようについていた。熊のことも、ダートの道も心配しないで、山仲間?と楽しく登れたのは、明日からの山旅も、きっと大丈夫だろうと思わせてくれるものだった。

樹湖里宿泊、送迎付、一万一七〇〇円（一泊二食、入浴券付、朝食はおにぎり弁当）。もう一泊しようか。迷ったが、ここでゆっくりしたら、明日の枝折峠へはきっと遅くなる。今夜は峠の登山口で車中泊と決めた。

樹湖里の奥さんに、「仕事を増やして申し訳ないけれど、この帽子」と言うと、「あぁ、分かりました。けれどすぐ自宅に送っても、彼はまだ他の山に行くと言っていたし、平ヶ岳を下りた頃、電話して都合を聞いてみます」と快く受けて下さったので、ほっとする。

支払いをすまし、温泉に。そしてゆっくり、枝折峠をめざした。

峠で、隣の車の人に声をかけられた。すぐには分からなかったが、下山時に時折一緒になった男性だった。タイツに短パンと、今はやりの若い格好をしている。年齢は私より、少し若いかなと思えたが。

「僕の寝床を見てくれ。ほらっ」と、後部ドアを開け、厚さ一五センチくらいの立派なマットを見せてくれた。

それでも二、三日に一度は宿泊りでないと疲れが取れないと話す。

私は後部座席を倒し、板を渡して、小さな蒲団に寝袋ですと言う。

そうこうしているうちに数台車が入って来て、その中には平ヶ岳で見かけた人も何人かいた。今夜の車中泊など、いろいろ想像していたが、心細さ、不安が吹き飛んだ。

「百名山の仕上げをしていて、幌尻岳《ぽろしりだけ》は初めからパス。今回、皇海山《すかいさん》の送迎付き宿が取れていない」と話す。

「皇海山は、僕は栗原川林道じゃなく、少し遠回りになるが、ずっと下の根利川沿いから入った」

「その栗原川林道は、今、工事で通行止め」とも。

「未舗装の林道だが、幅がいくらかあるので、思ったよりましだった。ダートの道を二五キロ走る気持ちがあれば行ける」

そして、「幌尻岳は渡渉《としょう》しなくていい、別のルートがある」

と、それに関係している宿も教えてくれる。

「ここまで来てる。百名山は完成しなくては。ぜひ幌尻も行ってくれ。行かなくては」と、力を込めて勧めてくれた。

また、ふんわりとした噂の中に「一筆書きの百名山登山」を現在、単独で試みている人がいるというのもあった。

越後駒ヶ岳　まだまだ遠い

九月八日（月）
明け方、三時外に出、峠の満天の星を見る。今日は晴だ。
五時十分、枝折峠出発（標高一〇六五メートル）。
ゆるやかな小石混じりの整地された道を登り、灌木の中の尾根道を行くと明神峠、五時四十分着、五十分出発。

そして道行山《みちゆきやま》はコース上にあると早合点して登り、取って返す。少しの登りであったが、思い違いをしたことにちょっと動揺する。よく見ることと、またまた言いきかす。

小倉山七時三十分着、四十分出発。足元自体は歩きやすいが、長い間、景色が変らず、とにかくまだまだ遠い。道はほぼ尾根上、あるいは際《きわ》を通り、低い樹々灌木の間を小さな起伏を繰り返し進む。

計画の初めの頃は、この小倉尾根を登るルートを考えていたが、役場への問い合わせ、そして何より、前日、実際現場まで車を走らせ登山口を見て、急遽、当然のように枝折峠から登っている。

道はザレ場をトラバース。急な岩場を登り切ると、駒ノ小屋に出た。九時三十分着。水、カメラ、貴重品を持って上の駒ヶ岳へ。

二〇〇二・七メートル、九時五十分頂上。

山頂から南に眼を向けると、中ノ岳に続く道の奥に中ノ岳が、その右、前方に八海山が横たわって見える。そして晴天の今日は、後方、左右、全方位が見渡せた。こんな時は、連れがいたらと少し残念に思う。山座同定で話がはずんだだろうにと。

ここまで四時間四十分かかる。

途中、私より後から出発してきたお隣さんに追い抜かれ、それまで気ままに、休んではかりいて、一向にはかどっていなかったのが、目の前の目標を決め、そこまでは休まないで歩くことにし、進んだ。

頂上にいると、後から来たグループが、百名山達成の横断幕とシャンパンで、陽気に記念写真。

この光景は、昨年の草津白根山でも見かけたなあ。大きな声と集団で、代り番この撮影と。自分達だけの世界が続き、標識から、なかなか離れられなくて、吹きっさらしの強い風の中、しばらく待たされたのを思い出す。

小屋（素泊りのみ可）は日祝だけだと思っていた管理人さんがおられた。

いろんな案を検討していた中に、小屋泊も入っていたが、平ヶ岳が思いがけなく、スムーズに予約が取れたので、ここへは月曜日となった。コースも枝折峠からだと、楽に日帰りが出来ると。

駒ヶ岳山頂。後方は八海山

思わず「泊まりたかったな」と言うと、管理人さん、「賞味期限が切れているラーメンならあるが」と言ってくださる。

有難いし、そんなことは構わないが、他の人は、その覚悟で用意してきているのに、お湯から寝具までと頼むのは、お互い楽しくない。

やはり下りようと、十時四十分、下山開始。

小屋下すぐの岩場は少し緊張したが、後はほとんど、単調で変化のない、アップダウンが続く。どの辺りを今通っているのか分からなくなる。

そして、やはり、ながーい。目の前の坂を登れば、またあの山を行けばと思いながら、一時間、二時間と歩く。昨日の銀山平が右下に見えても、まだ着かない。

やっと十四時十分、登山口、枝折峠に着く。

前後になった人達に挨拶をし、三五二号線をゆっくり下る。

きのうの平ヶ岳、今日の越後駒ヶ岳とも、奥深い、大きな立派な山であった。

久し振りの人との出会いに、色んなことが頭の中をよぎった。

もう少し若くて、何人か連れがいたら、鷹ノ巣から登ってみたかったな。あるいは昨日のテント泊の人みたいに縦走するのもいいなあ。しかし、もう今は思うだけ。

熊も大丈夫や、熊なんか出ない。おらんよ。そんなん怖がっていたら、山に行けないと、男性二人に言われたが。

私から言うと、そんな人は、いわゆる百名山、人が多い銀座通りばかりを、大勢で歩いている人だ。山は熊の住みか。通らしてもらっているだけだと思うんだが……。

何年前か、十数年にもなるか。

中央アルプスの空木岳《うつぎだけ》～越百山《こすもやま》へ。伊那川ダムから車で入った。すぐ先の伊那川林道、

駒ヶ岳　登山口を見下ろす

名前はな〜に？　道行山付近

ゆるやかな登り（ダート道だったかな）、太陽が上り、しっかり照りつけていた道、シーンと静かな中を歩いていたら、四、五十メートル先を歩く熊を見た。

林道カーブで、こちらを見ながら横切り、谷を下りて行った。大きな熊じゃなかったが、誰かを誘っていたら、その時点で止めただろう。

でも一人であったので（熊や鈴のことなど実感として考えてなかった頃）、チタンのコップを、ストックの先にかけ振り回しながら、木曾殿山荘まで、飲まず食わずでたどり着いた――その当時から一人でも登っていたんだ。

あまり大げさに話してほしくない、小屋の人はそういう雰囲気だった。

あくる日このルートを取るのはもちろん、私だけで、空木岳、仙涯嶺《せんがいれい》から越百山、越百小屋と一人で歩いた。

越百小屋の主人に、「ダイジョウブ！　あそこは山を下りた人が、食物を捨てていったりするので、熊が集まり、熊牧場と言われている。でも、熊は人間を怖がっているから、大丈夫」と、大きな声で笑いながら、元気よく言われたのを思い出す。

おいしいコーヒーも、よばれたんだ。

でも最近の熊は、人間を襲うんだもの。あちこちで、被害が報道されている。

その日の下山も「通らしてくださいよ」と、声を出し、コップを付けたストックを、振り回しながら、ひたすら足元を見て下りたのを、覚えている。

これも二〇〇八年、六年前になるのだが、早池峰山《はやちねさん》。登山口に入る最終バスが、明日で終る九月上旬（今はないかもしれないが）の時期に新幹線で東京へ。池袋発、明朝に花巻着の夜行バスで、その路線バスに乗りついで行った。

バスは河原坊止まりで、そこから林道を歩き、小田越コースをピストンした。その日は朝から雨で、頂上に着く頃は止んでいたが、深い霧のため眺望もきかなかった。

林道すぐ側のセンターで、一人、その日の最終バスを待っていると、今そこのカーブの所に熊が出たと、職員が緊張した様子で、集まっておられた。

カーブ（河原坊コース）の林、灌木の奥に沢があり、いつもは下山したら、そういう所で、足元の汚れを落とすのだが、何だか薄暗く、止めた方が良いように思え、とどまった。行っていれば遭遇していただろうか。

中央アルプスの越百山は、ＩＣＩ石井スポーツとっておきの山大賞作品集「私の一名山」

という本の中で、今野聡和さんという方が「家族で登る山」（越百山〜南駒ヶ岳）と、題して、山好きのお義母《かあ》さんと一緒に登った山の思い出を投稿。掲載されていたので、知った。健脚でベテランのお義母さんは、私と年があまり違わないようで、彼女自身の日頃の努力はもちろん、彼女を取り巻く環境を思って幸せな人だなと、心に残っていた。山の名も気に入り、興味引かれる文章で、私もたどってみたく思い、そこで熊に会ったのだ。

また、今回、平ヶ岳、越後駒ヶ岳と山地図を見ていて、真北に守門岳《すもんだけ》（一五三七メートル）があり、その横に浅草岳《あさくさだけ》も。守門岳もその本に載っていて、雪の頂上でソリを立て、投稿者が逆立ちしていたスナップ写真を覚えている。

浅草岳は、ヒメサユリの山で、行ってみたいと山の本をコピーしていた山であった。こんな所にある。ここから近いんだ。知ってる。知ってる。あの山だと、名を知っているだけなのに、妙になつかしく思えた。

そして福島へ、尾瀬の方へ、三五二号線が続いているのも「樹湖里」で一緒だった人の話から分かった。そちらの方は、今回関心がなかったので、地図を見ても見えてなかったが、よくよく指でたどっていくと、確かにつながっている。くねくねカーブの道が薄くついている。

「帰りはこちらへ回る。あの道はもう怖くてよう通らん」と言われていた。

男の人でも怖いんだ。

地図上に、青い丸で×印があちこちにあるそれは、一般車冬期通行止めの印で、そんな道は、冬期でなくても、油断できない。狭かったり、急坂だったり。昼間、それとも夜走ったのかなぁ。舗装しているのだろうか。枝折峠もついているが、こちらの距離は何倍もだ。

昔と違って、交通の便もよくなり、車も奥の登山口までかなり入れるようになって、登山は時間も労力も短縮できるけれど、そこまでのアプローチが不安——どんな道なのだろう。荒れていないだろうか。

運転の技量も、判断も必要で。登山口までもが命がけ（?）。まして、車がセダンでナビもなければもっと心細い。それは私のこと、私の車。

明日九月九日（火）は、すぐ近くの巻機山《まきはたやま》だ。

三五二号線、麓の「湯の谷温泉郷・ユピオ」に行く。食事も取ろうと思っていたのに、少し時間が過ぎていた。

もう一度、塩沢石打のＳＡで食事、そのまま車中泊と思い、小出ＩＣに入る。

だが下りの塩沢石打ＳＡは、ＩＣ（出口）と併設していたが、上りはＩＣの後にＳＡがあると分かった。

出てはいかん、食事だ。上りの塩沢石打ＳＡを横目で見ながらスルーした。え〜い、ままよ。すきっ腹をかかえ、土樽ＰＡ、オレンジ色の関越トンネル内と過ぎ、大きなＳＡは……と、走る。次のＳＡは八月に寄った赤城高原ＳＡか。

う〜ん。仕方がない。距離、料金を気にしながらも、どこかほっとする。車中泊の場所としては、安全に思えた所だから。広くて、明るく賑やかでと。

ホルモン定食を食べ、レストランでコーヒーをテイクアウトし、煎り豆二袋を買い、車の中で落ち着く。

さてと、明日は巻機山。明朝塩沢石打ＩＣに戻るか。う〜ん。待てよ。ここまで来ている。沼田から、あの皇海山がすぐ右にある（道路地図を見ている）。

枝折峠で彼が言った。「二五キロダート。根利川を入る。行けるよ」

林道、ダートの道と言うと、いつも思い出すことがある。

毎週のように車に便乗し、グループで登山をしていた頃、二台の車で、福井、滋賀、岐阜の県境、三県にまたがる一人ではなかなか難しい山に行った時（誘われるまま、お気楽に乗せてもらっての山行）、脇道に入り車幅ギリギリの細い道、ぬかるんだダートの道に、轍《わだち》の跡が深く掘れ、その分、真ん中がどんどん高く草もはえている所を通った。

底が時々当たっているのを感じた。でもズルズル進み、工事現場に。

石ころがゴロゴロ、岩も転がっている所に出くわした。山を垂直に切りくずし、地層もあらわに見え、けずり取られた岩が、鋭角にとがったままになっている道を奥まで入ったのだ。

当然随分時間もかかり、おまけに登り口もはっきりしなかった。辺りは冬の雪の重みで根元から下斜面にかぶさるように、大きく曲がり成長、密集していた根曲がり竹。でも笹の斜面に何とか取り付き、それらの竹の中へ、上へと奮闘した。

足元、根元に、カタクリの花がこれまた、あちこちたくさん咲いていた。だから時季は五月の初旬頃だったと思う。しつこいヤブこぎで、とうとう時間切れ。

下山途中、ソロソロ進んでいたが、車は左右に振れた。そして岩にタイヤがこすれ、切れ、パンクしてしまった。たしか二つも。

男の人達を残して、私達はそこから通りまで歩くことになった。車も何とか通りに出て来て、ガソリンスタンドを探すが、地方だし、暗くなってきたりと……。とにかく、その日は夜遅くの帰宅となった。

企画者は、同行者に「あんな所へ行ったらアカン」と注意されていたが、車の提供、運転もし、どんなに気を使っただろうと思った。

道があんなに荒れていたのは、ダンプカーが行き来していたのも一因と思われたが、休みの日で様子が分からなかったし、林道が変っていたのだろう。後にも同じ仲間と山行したが、あんなことは二度となかった。ずい分前のことでもあり、あれこれ口出しする立場でもなかったので、くわしく覚えていないが……。

もう一つ、これも同じグループで、早春、そして早朝、奈良県に通じる山越えの主要道路、少し長い下りの道を走っていた時、すぐ前の車が、突然ものの見事にクルッとスピンして一回りした。

幸い私達の車は、車間距離を取ってあり、対向車線にも車がなかったので、自車だけのトラブルで一瞬止まり、そのまま走って行った。その前の車は何事もなく走っていたし、私達も普通に通りすぎた。車内で目撃した私達は、言葉もなく沈黙し、当日、そのことをあえて話題にしなかったようにも、記憶している。

私にとって、これらは忘れられない、考えさせられる出来事であった。

事前の情報収集は重要。

タイヤは溝も大切だが、横は案外もろい。そして山行時の林道は、未舗装の道、幅の狭さ、路肩のくずれや、轍の跡の深さも想像して、そして車はセダンなら、その上にも慎重にと。高度成長期からこちら、どんどん奥まで作られていた道は、案内にはあるけれど、今、現在はどうなのか、傷《いた》んでいないか。

そして秋から冬、春先の走行は路面の凍結もあり得ると考える。橋の上はもちろんだ。陽気に誘われても、道は朝晩、山陰も寒い。

あんなことがもし、一人登山で起こったら、どうしよう。どうなっただろう。他の人を誘っていたら、なおさらだ。そんなことは考えたくもない。

だから山道を、知らない道を走る時は、いつもドキドキする。そしたら止めればいい？

それはまた、別の話だ。

車は今、新しい。バッテリー、タイヤも元気である。でも新しい車も結構気を使う。傷つけたくないもの。また、山道の「落石注意」もどう注意すればよいのだろうと思い、いつも走っている。端になんか寄れないよ。せいぜい雨風の時は通らないようにすることだろうか。お天気でも危ないよ（特に雨後は）。もう、そんなん知らんわ。

でも走行時、際に転がっている岩、石屑を見るのは、気持ちのいいものではない。そんな所では祈りながら走っている。今にも屋根に当たったら、ボンネットに落ちたらと、首をすくめて通っている。

あの人が通ったのは昨年と言った。一年前なら、道の荒れも、穴ぼこも、まだそれほど変っていないだろう。ズルズルとここまで来たのも何かだ。幅も少しあるように言っていたなあ。

行ける所までトライして見よう。大阪を出る時、取りあえず、十四日のキャンセル待ち送迎宿泊を頼んでいたが、あてにならない。目の前の状況で考えよう。

窓をマットでおおい、眠り薬を飲み、目をつむって眠る。窓側、顔に近い銀マットは暖かい。いや、暑く寝苦しい。心を静めて寝ることに専念する。

皇海山　奥へ奥へ山深く

九月九日（火）

真夜中、日付が変った〇時、まん丸い月が明るく輝き、夜空は暗いと思っているのに、月の辺りは明るいブルー、雲も白く見える。中秋の名月だ。

台風が来ていたが、太平洋沿岸、伊豆の方をかすめていった。今まで、ずっと晴れ。初日に朝方降られただけで、お天気は味方してくれている。

五時四十分出発。赤城ＩＣを出て、一七号線を北上、沼田をめざす。夕べはしまった、と思ったが、かえって有難い宿となった。

沼田街道から、六二号線、南郷、根利川とたどって行く。舗装された良い道を、トンネルを二つ抜け、左側を見ながら走る。

おっと通り過ぎた。左に入る道があった。すぐ先で、そこまで戻る。角《かど》の朝市風のお店で尋ねながら、上を見ると、看板が皇海山右に入ると、示していた。栗原川根利林道を通っていくのだ。

舗装道がいつの間にか、地道に変わっている。木立で薄暗い中、前方にゲートが出てきた。ここからの通行は自己責任と但し書きがある。

車を降り、背丈より高く重い鉄の立派なゲートをゆっくり押し開き、また閉める。奥でパンパンと乾いた音がしている。

北海道の大千軒岳《だいせんげんだけ》に行った時も、集落奥でこの音がしていた。厚意で登山口まで車を出してくださった人が、にわとり小屋をねらってくる熊よけで、鳴らしていると教えてくれた。頭から鉄砲の音と思っているが、あの音だ。

あれはフェリーで舞鶴から小樽に渡り、青春18切符も使い、羊蹄山、ニセコアンヌプリと南下。青森ではレンタカーを使い、岩手山、八幡平と巡ったんだ。とりわけ函館で一泊し、木古内《きこない》からの大千軒岳は、お借りした無人小屋——役場への問い合わせのやり取りの中で、係の人が遠慮がちに、こんなのもありますがと教えてくださったもので、とても有難かった——での集落の人達との、温かいふれ合いが、すばらしい山の思い出と、重なって今も色あせることなく心に残っている。

道は、二、三ヶ所分岐があったが、こわごわこちらだろうと選び進む。

左右の樹木の間の薄暗い道、片方が開けた明るい所へと。幅も狭く広く、左右に振られ、振ったりと。いくつもの山の際、ダートの道を奥へ奥へと入る。

シーンとした車の中カーラジオもつけず、それすら気づかないで、ハンドルにしがみつき、目の前に次々と現われるカーブ、ゆるい坂道、ジャリ道をにらみ、ズルズル進む。途中、二台ほど車が来る。脇に寄り先に行ってもらう。

不安と緊張度は、ランク七、八、九の微妙なところ。

まだか、まだかと、ひたすら進む。

頭の中に（そら見てみろ）という声も、顔も浮かぶ。

空が明るく切れた。堰堤《えんてい》工事の現場にさしかかる。橋を渡った所でたまらず車を止めた。

休憩、ここで休憩や。

奥の飯場に一人いたお兄さんに尋ねる。

「あぁ、あと十分ほどですよ。あの辺り、熊が出ているから、注意して行ってください」

と言う。

私を追い越した、ジムニーの人だ。少し走って考えた。

「う～ん、熊か」

ここまで一時間三十分ほどかかっている。

一所懸命来た。運転で体力、気力も使い切った感じ、充分努力した。納得だ。帰ろう。

Uターンして先ほどの橋まで戻り、車を降りた。グイグイ水を飲む。喉もカラッカラだった。肩の力が抜ける。

橋に軽の車がやってきた。中年の男性二人、こちらを覗きながら。私も、登山者だろうかと。お互い眼を離さず……。

車が止まり、窓が開く。

「皇海山へ行くんですか。あと十分ほどですよ」

「あんたは行かないの？」

「私は、もう止めます」

「僕らも行くから、一緒に行こう。折角、大阪から（車のナンバーを見て）来たんだから」

「登ろう」と、熱心に誘ってくださる。

躊躇《ちゅうちょ》したが、熊の問題は片づくな。本心は行きたいんだから……。気持ちが、そちらに傾く。

行くことにした。後からゆっくり付いて行く。登山口だ。

そこへ、福岡からの男性、四駆の車が元気にやって来た。

二人、私、福岡の男性と一列に並んで登って行く。先の二人は地元の人（沼田）で、少し年配（私と同じくらい）の人は長靴、鉢巻き。もう一人は（五十代後半か）山靴だったが。

こりゃ速いな。健脚だ。足元を見てすぐ思った。

よく響く立派な鈴を、二個、三個と付けている。私は一個だし、音色も負けている。

赤城ＩＣからここまで六九キロ。うち二五キロはダートの林道。

登山口、九時十五分出発。

待たしては申し訳ないと、急いで準備したものだから、いつもの用心、腰サポートのベルト、ストック一本を車の中に忘れる。

今回はより一層、左右のバランス、足、腰への負担を考え、ストックもダブルにしていたんだが。

途中で、長靴さんは、「後ろをふり返ると、付いて来ているので、このペースで歩いた」と言うし、後ろの福岡さん?は、「速いなあ。女の人でこんなに速い人は、初めてや」と言いながら、涼しい顔で登ってくる。

本当かいな。こちらは足手まといになってはイカンと一所懸命、力まかせに大きな歩幅で付いて行っているのに。

汗が吹き出す。こんなにフラフラしてるのに、やめてよ。怒るよと思いながら、よたよた登って行く。

明るい不動沢のコルに出た。

右前方に鋸山《のこぎりやま》が見える。皇海山は左の尾根を上がっていく。ここで二組の下山者と会う。笹原、枯木、針葉樹林と、深くえぐられた所も過ぎ、歩きやすい道になると、頂上（二一四三・六メートル）十一時十分着。

皇海山に自分で来たんやと。うれしさがこみ上げてくる。

地図では、三時間とあるが、二時間で上がって来ていた。

熱心に誘ってくださった二人のおかげ。コーヒー代を。本当にその分だけをと。でもっ返される。押し問答の末、ポケットにねじ込んだ。

九州福岡の人は七月からずっと山巡りで、近畿では、大峰山《おおみねさん》、奥がけの弥山《みせん》、釈迦ヶ岳《しゃかがだけ》などあげていて、今月で帰ると言われている。

車中泊？　と聞いたら、

「いやいや。ちゃんと、宿を取って、お金がなくなったら、郵便局に寄って資金を引き出し、旅を続けている」

「へぇ。それはうらやましい」

まあ、私は、（そんなもったいない。こちら、車中泊が出来たら、それに越したことはない）と、半分思っているが……。

「私なんか、主人に気兼ねしつつ、帰ったら、籍がなくなっているかと思いながら、旅を続けている」と言うと笑われる。

これは、一人登山の時、よく聞かれる「ご主人は？」の問いに、いつも答える言葉。

それと、「関西の人ですか？」私の言葉使い、アクセントで多分分かるのだろう。その答えも決まっている。

「はい。バリバリの大阪です」

相手は笑い、私も笑って、それでおしまい。誰にも何も言わせない。

「私の人生、人が何を言おうと、自分のしたいことは、自分の出来る範囲のことは、チャレンジしたい。後悔したくない」

思わず力が入って、これを言ってしまったら、二人はえらいなぁと。

そして、宿は一人だと断わられることがあると、話したら、

「僕とこへ泊まったらいい」

若い方の人が、二回ほど言って下さる。経営してられるのかと思ったが、それ以上聞か

なかった。

三人は鋸岳に寄って行くと言う。

「じゃあ、私ピストンしますので、先に行ってください。今日は本当に有難うございました」心より礼を言った。

すぐ後を追って下りるが、みるみる三人は離れて行った。

十一時二十五分下山開始。

ゆっくり、道をはずさぬよう、注意しながら、惜しみながら下りた。

ずっと前、まだウブな?頃は、宿の予約も申し込んだが、一人と言うと断わられることが多かった。ビジネスホテルを利用するようになると、一人旅の自分には、随分と合っていたし、予約も取りやすかった。

リュックを持っての長い旅がきつくなり、車でと考えたが、ビジネスホテルの多い駅前は、駐車場も困るし、何より土地勘のない繁華街は、それだけで緊張をしいられる。いきおい、「自由」を取ると、車中泊も計画に入れるようになった。

レンタカー利用は、これも店が駅前に多く、営業時間内の使用は、一人登山ではなかなか上手く使いこなせなかった。

店が線路を挟んだ向こう側で、目の前なのに一方通行で手間取ったり、行きも帰りも渋滞にあい、その日の目的の山（覚えているのは、宮城・山形県境の船形山《ふながたやま》、別名御所山《ごしょざん》）にたどり着けなくて、途中で断念し、情けないドライブだけということもあった。

船形山の時は、確か車の中で、「～を入れてください。用意してください」という音声が、思い出したように鳴っていた。

後で人に話して分かったことだが、車にＥＴＣ装置が付いていたらしい。借りる時にその説明は聞いておらず、故障して止まるんじゃないかと。何だ。何だと、ずっと、どきどき不安だった。

仙台の駅前営業所で、ＥＴＣのはしりの頃だ。あの営業所は不親切だと、自分の無知を棚に上げ思ったものだ。

その時、次の日の計画が蔵王《ざおう》だった。

仙台から山形へのノンストップ特急バスで山形に入り、夕方遅く、蔵王の麓のレンタカー店で、泣き付くようにこの話をすると、早朝に出せるように計らってくれ、無事、歩けた。登れた。後から考えると。刈田峠《かった》付近の駐車も、普通の時間帯なら満杯になるところ、早くから動いたおかげで、それもスムーズにクリアできたのが分かった。

そんな親切を受け、蔵王はいい思い出となって残っている。

また、昼からの早い下山で、温泉街を走っていると、交差点で、若い男性二人が、私と車を見て「レンタカーだ」とも言い、車で分かるのかと、その時思ったものだ。

後日、このことを思い出し、人に話すと、「ナンバープレートの平仮名が〈わ〉だとレンタカーだ」と教えられた。

私にとって皇海山は、登山口までのアプローチの方が、困難に思えたし、反対側からの、昔からの庚申山《こうしんざん》経由であれば、今の私には、とても無理なことであった。

今日の不動沢をたどる皇海山登山は、近くであれば、何回も登ってみたくなる、人を誘いたくなる、反面教えたくない、お気に入りの一つとなっただろうな。

けれどそのくらいの山であったなら、深田久弥は百名山には入れてなかったでしょうね。

そして登山口までの林道走行は、初めて走る小心者の私が感じたことで、軽や四駆だったり、山道を走り慣れている人、ナビもつけている人、連れがいる人などは、また感想が違っただろう。案外普通だったかも知れない。それは分からない。

帰り道、一度通った所は、こんなにも違うのだろうかと、心地好い疲労も重なり、落ち着いて走れた。途中携帯がつながった所で、送迎付宿泊の申し込みに、断りの電話を入れる。キャンセルが出た様子であったが。

朝、道を尋ねた角のお店に寄ると、「行ってきなさったんかね。よかった。よかった」と、喜んでくださった。

「すぐ食べられるものは？」

トマト、一盛をもらう。

「他に何もないね。そうだ。これあげる。傷がついて売物にならないと言って、私も、もらったの」と、大きなリンゴを一つ出してくださった。

「皇海山は地味な山だけれど、登山者が時々迷って、向こうの谷へ下りたりする。山奥なので、発見されるのに、時間がかかり、見つかった時は、もうすでに亡くなっていることが多い」という。

この人達も、地味な山というが、どうしてだろう。一緒に登ってくださった二人の男性（沼田の人）も頂上で、そう言った。

木々に囲まれた頂上で、展望という点では望めない山だったからか。

「え！　いい山ですよ。しっかり百名山、やっぱり百名山や。そして何と言っても、名前がいい。品がある」

私の返しに、彼らも下を向いていたが、にんまり。お店の人はにっこりされた。

今日、私としては、とにかく不安なアプローチや、健脚さんの後を登るで、頂上まで気持ちの余裕など、とてもなかったが、沢を何度も渡りながらの登りは、距離も程良く、上につき上げている登山道から見る、辺りの木々も紅葉の時など、沢の流れや苔に映えて、さぞかし見事だろうと思えた。

熊が水飲みに来るのも似合う、ほっこりと奥深い山だ。

迷うということは、なるほど、不動沢のコルから頂上にかけ、足元ばかり気にしていると、霧が出た時、ここは方向を見失うなと、思えた箇所があった。でも踏み込まないように、トラロープがしっかりしてあり、地元の人達の気遣い、ご協力が感じられた。

アプローチで懸念していた平ヶ岳と皇海山が、思いがけなく進み、これで連続三つの山が登れた。あとは自分の判断で、自由に段取りが出来る山ばかりだ。

とても疲れていたけれど、ここまで思いがけない良い出会いがあり、やさしい心配りを受け、誰にも突つかれることなく、邪魔されることもない、自分だけが頼りの自由の中、目的の山に登ることだけに集中して過ごせた。

特に皇海山は、高速道をここまで来てしまったが、神様が登っておいでと、応援してくれたんだと思えた。

山へ来るといつも思う。空を見上げて、感謝、私はとても素直、やさしくなる。

有難うございました。

お天気に、当日の宿に（たとえSAでも）、心から有難うございましたと言葉が出る。

六二号線、しゃくなげの湯に寄る。

沼田IC手前でガソリン一〇リットル入れる。一七四〇円。高い!!（一〇リットルだけとした。）

明日の清水、巻機山めざし、塩沢石打ＳＡで車中泊。ここへは二泊目。後もう一泊、三泊もお世話になることになる。

最初は怖かったなあ。

巻機山　清水民宿

九月十日（水）

三時三十分、バナナ、おまんじゅう、お茶の朝食。

ＩＣ四時十分出発。

少しの距離だが、間違えないよう、一つ一つ確認しながら、まだ夜があけない暗い道をトロトロ走る。が、出口でＥＴＣのカードが、きっちり入ってなくて、当直の方に出ていただく、人騒がせをした。

ＩＣを出てすぐ左を真っ直ぐ走り、二九一号線、清水をめざした。

天気予報は今日も快晴、が、昼からは所によっては、にわか雨。

まだ暗い登山口、桜坂駐車場でしばらく明けるのを待った。

五時二十五分出発。

駐車場にはすでに四、五台車あり。四人連れ（女性）、五人連れ（うち男性一人）と前後しながら、井戸尾根コースを登る。桜坂駐車場七三〇メートル、頂上一九六七メートル、標高差一二三〇メートル。

今日も長い。

三合目少し過ぎたあたりから、さらに急登が続き、六合目（展望台）六時五十五分に、十五分休憩。急坂が続く尾根を登り、やがて樹木が灌木になり、展望が開けるが、まだ傾斜地が続く。

前方に前巻機山が見える。荒れて裸地の場所にさしかかる。頑丈に編まれた金網の中に小岩、石などをつめた人工の階段を、土砂でえぐれた傾斜の道に設置して、道の修復、保護が図られていた。

みはらしの良い前巻機山（ニセ巻機とも言う）から木道を下ると、左手に避難小屋がある。こぢんまりときれいな小屋で、トイレは室内にもあった。

下山途中、大きな荷で汗びっしょり、ゆっくり登ってくる男性とすれ違ったが、その人はこの小屋で十日ほど泊まる予定らしいと、後に同じように下山する人から聞く。

ゆるい登りの木道、じゅうたん状の草原や池塘を見ながら、最後の木道の階段を登り切ると、前巻機山で小さな谷を挟んで前方になだらかにどっしりと見えていた、その稜線に出た。

井戸尾根分岐と巻機山の標識があり、ベンチもある。さらに右、牛ヶ岳の方へゆるい登りを進んで行くと、ケルンがあった。

持っている地図では、分岐から頂上一〇分とあるが、もうそれくらいは歩いただろうか。一緒になった男性が、さらに進んで報告してくれたのは、「ここから小高く見えている所にも何もない。ここでしょう（頂上は）」と。

そして、頂上が一番標高が高いとは、限らないとも。

分岐から牛ヶ岳は、五〇分と書いてあったが、そこまでは、よう行かんと思い、ケルン横で戻ってこられた男性と大休憩。

早朝、長野県から車を走らせ、今という、スマートで軽快な足取りの彼（五十代後半く

巻機山の池塘

らい）と目の前の緑の草原、遠く向こうに見えるおおらかな山々をごちそうに、優しい風に吹かれて、早い昼食？を食していると、女の人四人がやってきた。

彼女らは前日、麓の宿で泊まり、今朝早く起きてやって来たという。

駐車場で会っていて、六合目で追い越した人達だった。


皇海山で、無理な姿勢の足運びを、したためか、右股関節に痛みが出て、疲れもピークに来ていた。

「宿はどうでした」と尋ねると、

「良かったですよ。食事もおいしかったし、今朝も、早く出ると言うと、朝食は、お弁当にしてくださった」と楽しげに、それを広げられていた。

電話を教えてくれそうだったが、持っている地図で探す。

清水民宿「上田屋」さんに的をしぼって下山後、交渉することに決めた。他に何軒かあることだし、今日は平日だ。

今夜は畳の上で寝られる。温かい食事もと大いに安堵《あんど》する。

九時三十五分から一時間、たっぷり休憩した。

分岐の標識の前で、証拠写真を撮り、青空と草原の眺めを喜びながら、痛みの出た足を宥《なだ》め、ゆっくり下る。

十四時登山口着。

簡単な着替えと、設置してある水場で足元の汚れを落とし、顔を洗う。駐車場代五〇〇円を払い、宿に電話を入れるが、バッテリーが切れそうになっていたし、聞き取りにくかったので、直接、上田屋めざし麓へ車を走らせた。

宿の玄関先で、宿泊が可能か尋ねるが、

「お電話の方ですか。すみませんね。少し分かりにくかったもので」

と、小柄でにこにこと人の良さそうなおばあさんが（自分も、もうおばあさんであるが）顔を出す。

「いいと思うけれど、主人に聞いてみないと。まあ、上がってください。あがりなさい」

と言ってくださる。

「まあ、遠慮しいやね」とも。

こちらは汚れていて、早く汗を流したい気分であり、息せき切って、飛び込み、一方的に用件を言っている。ハタと自分のことばかり言うわけには、いかないと落ち着いた。

ご主人は、今日は宿泊者がないので、寄り合いに行っているとのこと。しばらく外で待たしてもらう。

車の後ろに座りこんで、皇海山で買ったトマトと、大阪から入れてきていたウリが、一つ残っていたのを、立て続けに食べた。

宿は広い前栽《ぜんさい》を駐車場にし、北国独特の建て方で、一階がコンクリート打ちの土間、水場、調理場とあり、長い木のテーブル、長椅子も置かれていた。

建物の敷地に沿って、水路が造られてあり、山からの豊富な水を引き込み、流している。

正面右側に、幅の広い、直接二階に通じる階段があり、二階が、玄関、受付、住居、大広間（兼食堂、座敷）と。厚いコンクリートの土台の上に、太い立派な木材で、頑丈に二階、三階と建てられている。

一階外の長椅子に靴をはいたまま、あお向けで寝っころがっていると、車が入って来、あの四人組（ここを教えてくれた）の三人が、「すみませ～ん。お手洗い貸してくださ～い」と、私めがけて、駆けてくる。

「私。客、客」

笑いながら、二階へと階段をあがっていった。

運転していたリーダーらしき人に、いくつ行かれたと、聞かれたので「まだ四つなの」と言うと、「すごいじゃない。私なんか、この一つで、一所懸命。気をつけて頑張ってね」と、気遣ってくれる。

気持ちのいい人達だった。

二階の窓から、「今、お父さんに電話してオッケーですよ。入ってください」と声がした。

「お風呂用意しているからね」

「一人ですみませんね」と言うと、

「いやいや。男の方だったら、お父さんは、断っていると思うんですよ。男の人は一人酒をして、すぎたら困るので……」

(なるほど)

部屋は三階。

「今日は、本当に一人だけ、ラッキーですよ。この時期は、何組か必ず予約が入っているんですが」

足が悪いので、三階はあまり上がらないんですと言いながら、階段を上がって、客間、お風呂と案内してくださる。

申し訳ないな。

いつものように入浴ついでに、下着、靴下などを洗い、脱水機があればと、尋ねると、

「まあ。洗濯はこちらでさしてもらうのに、他のもあればそれも出してください。ねえちゃん(お嫁さん)が帰れば、してもらうから」

遠慮すると、「それは彼女の仕事」と。
何だかみんな分担があるみたい。
食事は六時からでまだ早い。入浴して、人心地《ひとごこち》ついた。
「そうだ。ビールくださいい」と言うと、
いそいそと、「そうね。つまみをつけるね」と言ってくださる。
大広間の長テーブル前に座り、久びさのビール、心づくしの山菜のおつけものを食す。
「ふう！　幸せ」力が抜ける。
周りの景色も少しゆれる。
そうこうしている内に、ご主人が帰ってきたようだ。
また、広間のテーブルから離れ、窓際のソファに座っていると、車が入って来て、
「ただいまぁ！」「おかえり！」と賑やかな声も、聞こえ出した。
四、五歳くらいの男の子が顔を出す。保育園から帰って来たらしい。まめに、卓上のポットから何杯もお茶を出してくれたり、かかえにくいくらいの太い柱に、器用によじ登ったりと、声は出さないで静かに行動だけで、傍らをウロウロしてくれる。

壁には秋祭り、普請《ふしん》の時と家族の折々を物語る写真が掛けてある。

ご主人は消防署勤務であったし、隊長も勤め上げられていた。

そういえば、奥さん、四人組がトイレと言って顔を見せられたのを喜んでおられた。

「無事に登ってこられたんや」と。

「宿を出られた後までの心配は……」と言うと、

「いやいや、お父さんはとても気にされるんや。うちのお客さんが元気に行かれたかと。この前も心配で登山口の駐車場まで見に行くと、まだ車がある。どうしたものかと気をもんでいると、十七時頃、無事に下りて来られてほっとした。お父さんはそんな人や」

言葉からご主人を信頼し、誇らし気に思ってられることがうかがえた。

二世帯同居の長として、またそれに寄り添っている妻としての自負が見られた。

食事はご主人が担当、お孫さんが何やかやと接待してくれる。お腹がすいているだろうに、しっかり我慢している。

ご飯があまりにおいしかったので、思わず、おかわりを、彼に頼んだが、お腹一杯だったんだと少しあわてる。ここに来て胃が小さくなっているようだ。

たしかに、二キロはやせていたもの。これは、うれしい。

自分の用意する食べ物が、ここ数日、簡単だから、何を食べても、おいしく感じられるのかも知れない。というのを割引いても、やはり、お米はおいしく思われた。

考えてみるに、ここは新潟、魚沼市、穀倉地帯のど真ん中、改めて納得した。

おかわりを持って来てくださったご主人を見て、驚いた。背中に眠っている女の子を、おんぶして現われた。それも普通に。当たり前のように。

思わず、「孫さん、三人おられるのですか」と声をかけた。

「いや二人です。内孫は」

少し前にちらっと見た女の子が、この子なのだと分かる。

「他に、娘にもいます」と、うれしそうにお父さん顔をされた。

きれいな娘さんの写真も、掛けてあったたっけ。

次の予定をどうしようか迷ったが、取りあえず早く出ようと、朝のお弁当をお願いする。

洗濯物が気にかかり、尋ねると、「今、ボイラーで乾かしていますが」と言ってくださる。

ああ、ここは雪国なんだと納得もし、うれしくもあった。どれも、しっかり洗い立てになる。

毎日、温泉でこそこそ洗い、タオルで水気を取ったり、車の中で干したり、ちょっと外で太陽に当てたりと、たえず洗い、乾かすことに工夫が要ったので、有難かった。すぐ部屋に引き上げ、明日は疲れが取れたら、苗場山に行くか、痛みがまだあるようなら、ここまでとし、思い切って帰ろうか……。ちらっと頭をよぎった。

テレビを点け、天気予報を見る。

リュックを整理していたら、外の網ポケットに千円入っていた。皇海山だ。使ってくれたら良かったのに。あまりに少なかっただろうか。

改めて、皇海山では有難うございました。確かに、戻してもらいましたと、ポシェットにしまう。

タオルを敷き、腹ばいになり、火災報知器が鳴りませんように、畳を焦しませんようにと注意深く、腰に千年灸をする。

窓を開けると、漆黒の闇があるだけ、目の前に壁があるのだろうか。思わずまばたきするが、凝視できない。暗闇墨色、もちろん空がどこからかも分からない。とにかくまっ黒だ。

入念にストレッチ。明日は晴れだが、所によっては強い雨と言っている。

ぐっすり眠る。

休みもかねて下見を

九月十一日（木）

五時に起きた。体が少し重く、足の痛みも残っている。

台所にはお嫁さんが。私のためにもう起きてられたのだろうか。

お弁当と、お茶一リットル、水一・五リットルと洗濯物（畳んでくれている）をもらい受け、ここに来たときから願っていた、水路に絶えず流れ込んでいる水を使っても良いか、洗車したいのでと了解をもらう。

外に出て来てくれて、夜に変えていた水の流れを戻してくださった。

皇海山の悪路で、ボディ、タイヤが泥だらけだ。水をかけ、そっと手でさわって、泥を落とす。文字通り、手洗い。タイヤの溝も点検できて、大いに安心、満足した。

昨夜、支払いを申し出ると、「あぁ、お支払いは～。〇〇ちゃん」と呼ぶと、お嫁さんが出てこられた。

彼女に支払う。ビール込みで八〇〇〇円――これもリーズナブルで有難い。

お金の管理はお嫁さんがということなのだろう。夜、老夫婦は早々といなくなり、朝はお嫁さん一人がエプロン姿で台所。

ちらっと垣間見ただけであったが、確かな温かい家族の営みがあり、それぞれが思い合い、助け合いながら、前進されている様子を目《ま》のあたりにして、気持ちが素直になるのを感じた。

お世話になりました。

六時過ぎ、出発。

出てすぐ、おにぎり一個頬張る。大きなおにぎりなのにペロリと平らげた。

あまり考えないようにしていたけれど、宿に泊まるということは、非日常の状態から、日常に戻ったような安心があるのだろうか。食欲も出ている。残りのおにぎり、玉子も食べてしまった。

ものの十分も走らないうちに、パラパラと、来たかと思う間もなく、車窓をたたくすごい雨が降って来た。車洗ったのにー。

近年、天気の変りようが激しい。

山に入っても、晴れているからと言って、何だか、のんびりは出来ない。特に登りは先を急いだ。たえず、天気の急変、それに伴う変化（登山道、道路状況等）を予想しながらの登山だった。写真もほとんど下りに撮った。

今までのところ、登山中は、いつも快晴で、唯一雨だった平ヶ岳も、夜中から明け方にかけてで、止んでいた。

あぁ、もう今回は帰れということだなと、道路沿いのコンビニに走り込み、とりあえず、パン、ヨーグルトを買った。外に出ると、空が明るく雨は小降りになっていて、二八号線を走っている間に、晴れてきた。

今日は休憩も兼ねて、苗場山のアプローチを下見しよう。帰ると決めたのも一瞬。そうだ。そうしようと。

塩沢石打ＩＣ～湯沢ＩＣへと高速道に入る。

あれ！　横を平行して一七号線が走っている。今日なんか急がないので、のんびり下を通ればよかったんじゃないか。一本道のようだし、と思っている間に、湯沢インター、八時十分着。

一七号線を南下（三国街道）祓川《はらいがわ》コースを目指す。芝原トンネルを抜けてすぐ右を注意、苗場山の案内がある所を入り、集落を抜け、舗装している道を通る。

一部修理工事中で、ジャリ道やでこぼこもあったが、大したことはない——皇海山で訓練、腕を上げた？

祓川にかかる橋を渡り、少し行くと、第二リフト駐車場に出た。

八時五十分着。

降りて辺りを見渡した。車が数台止まっている。そこへ、また一台来た（男性三人）。

「今からですか」と尋ねると、

「今日は、上の苗場山自然体験交流センターで泊まり、ゆっくりします」

少し立ち話。谷川岳の話が出て、

「仙ノ倉山《せんのくらやま》から、こっちの平標山《たいらっぴょうやま》。そこの平標山ノ家に泊って、周遊するコースが、花の咲く頃、すばらしいので、このあいだも行こうと思っていたんだが」と話された。

頭の隅にしまっておく。

九時十二分、もとの道、一七号線に出る。苗場山登山口までは、思ったほどの悪路もなく、時間的にも、この辺りにおれば大丈夫だ。天気も回復して来ている。

「道の駅みつまた」をめざす。

道路の左側にあり、「街道の湯」も、隣接している。

温泉は一段高くなっていて、手前に大きな駐車場があるが、夜間のトラックは駐車禁止とあり、とにかくガラーンとしている。民家が近くにあるからだろうか。

まあ、時間も早いことだ。

駅には、道路側に、小さな池と築山《つきやま》が作られていて、鯉が数ひき泳いでいた。車五台程度の駐車場があり、トイレの奥の裏側は広いが、停めていいのか、正規の駐車場かどうか、枠もない。

尋ねると、あそこにあると、一七号線を挟んだ向かいを指さされる。こちらから、トラロープで簡単に作られているような空地に、足元もジャリのような場所が見える。

道の駅は仮眠はだめなのか、向こうは、原っぱという感じ。トイレはこちらしかないように思えるし、何だか不安。

入っているレストラン横のお店で、ケーキセット（久し振り）を頼み、少し休憩する。ケーキも、今はやりのオーガニックとか、何とかだが、登山で頭がいっぱいの旅行者には、何でもよい。おいしければ。

時間つぶしでウロウロするが、すごく目立っているようで居心地悪く、長くおれない。もと来た湯沢の方へ、一七号線を北上。東京の娘達、孫がスキーにガーラ湯沢に行く。ここだ。駅を出るとすぐスキー場、大助かりよと言っていたっけ。

そこらを車で散策、もよりの駅は、越後湯沢だ。一七号線をはさんで、ドラッグストア、スーパーコメリ、コメリにはランドリーもある。ガソリンスタンド、役場とあり、ここは湯沢の繁華街、市の中心だろうか。

観光バスが、次々と立ち寄るビルの駐車場に車を止めた。

入口前、足元に、店の間口いっぱいに幅（奥行）一・五メートルくらいの、細長い人工の水槽が埋め込まれている。深さもかなりあるようだが覗き見るにも、暗くてよく分からない。そこに、色とりどりの錦鯉が何列、何層にもなって泳いでいた。

ビル内は一階はみやげ物販売、二階がレストランになっているようだ。引っ切りなしに出入りする大勢の人で、繁盛している様子。

柵にもたれて、紅白、柄入りと鮮やかな錦鯉達を見ていると、時間が経っていく。観光客がくれるエサ（売っている）に、すばやく寄って来て、大きな口をいっぱい開ける様は、健気《けなげ》に可愛いいと感じると同時に、口元の立派な髭で、えらそうに貪欲にも思えてくる。

かなりの数が周遊、回遊していた。群れて泳いでいる中に、端まで行かないで途中で引き返すのがいて、その都度、列が一瞬乱れる。

そうだ。あの山古志《やまこし》も、清水から近かったんだ。もちろんここからも。足をのばしてもよかったかなと。イヤイヤ、登山で精一杯、無理、無理。

鯉のことはよく分からないけれど、ここに、こんなにたくさんいる鯉達は、多分、Ｂ級品だろうと思うのは、私が大阪人からかしらん。震災で大きな被害を受けた山古志だが、鯉の産地で有名だ。

私の百名山の残りが、関越自動車道を挟んで、この辺りに。いろいろ調べ、実際ウロウロして、やっとモヤがかかっていたこの地域のことが、いくらか理解できてきた。鳥海山、月山と行った時は、青春18切符で乗り次ぎ、新潟を通った。確か集中豪雨の影響で、足止めをくい、駅前のビジネスホテルに二泊した。

ごったがえす駅で、リュックを背負い、「どうしたら、いいでしょう」――この言葉は、いくら考えても、自分でもおかしく思うが――と駅の観光案内所で発していた。

しかし係の人は、よく解っておられ、普通に、「今日は、弥彦山でも行かれたらどうですか」と提案して下さり、実際、教えられた通り、電車を乗りついで行った。

雨の後で、頂上では何も見えなかったが。低い位置にある弥彦の駅の売店は、みるみる水かさが増え、浸水し大変だったと、帰りの電車の待ち時間にお店の人が話されていた。

そして、翌日の快速は指定席五〇〇円が、必要だと分かり、手配したのも思い出す。後にも、佐渡の金北山へ、東京発の夜行バスで早朝の新潟を目指したんだ。

いつでも新潟は通過点であった。

今回、関越自動車道のどこであったか、練馬まで二〇〇キロの表示が目に入った。ええ！　二〇〇キロ。東京まで近いなぁと。大阪から名古屋まで、およそ二〇〇キロ弱と思っている。それは我家（大阪、和泉市）から高速自動車道、国道を乗り継いで、名古屋市内まで（主人が単身赴任時）。あくまで私が通ったルートであったが……。

改めて二〇〇キロが近いのか、遠いのかは、人によって違うだろう。けれど土地勘のない私が遠い所へ来たと思って走っている、この道に「東京練馬」の表示があったのには、少し驚いた。練馬も、東京では端だろう。それでも、上り高速自動車道をずっと道なりに行けば、東京に着く。日本の首都、東京へ。

そりゃあ、角栄さんは切望したであろうと。角栄青年と言おうか。雪国豪雪地帯、新潟。生まれ故郷の発展を。今回、百名山に引かれ、ここまで来て、一人車を走らせながら、私は田中角栄という政治家に想いをはせた。大阪にいては、分からなかったことだ。

用心に湿布薬を一袋持ってきていたが、ドラッグストアで二袋買い足す。パン、手作りおにぎり、ヨーグルト、バナナ一房もコメリで求める。スタンドでガソリン満タンに。一五八円、一四・八リットル、二三三八円。ここは少し安い。

道の駅に戻り、湯上りで、湿布をはり、休憩室でストレッチ。駐車場で車中泊。すぐ横を、車が走っていくのが分かる。ウトウトするが、神経が高ぶって眠れない。外を見ると、ダダッ広い所に私だけ。急きょ塩沢石打ＳＡに移動する。

奥にトラックが何台か、エンジンをかけて止まり、建物近くにも、適当に距離をあけ、数台車が止まっていた。トイレに一番近い明るい所に止めて眠る。

苗場山　特製塩ラーメン

九月十二日（金）
四時起床、おにぎり、トマト、ヨーグルト、バナナを食べ、五時三十分出発。
湯沢ＩＣを出て、苗場《なえば》山《やま》登山口へ。
六時四十分歩き出す。トイレ横の道を、ぬかるんだ粘土道を注意しながら進むと、舗装された道に出た。そこをゆるやかに登り、一三七〇メートル、和田小屋前に着く。登山届けを出すポストもある。

辺りは草原になっていて、踏み込まないようトラロープで囲ってあり、正面のリフトが見える丘の右手の方へ、樹木が繁る方へ導くように木道が続いていた。

下ノ芝八時十三分着、視界が広がり立派な木のベンチが設けられている。小さな湿原を通り、樹林帯に入り、さらに登って行き、中ノ芝、上ノ芝と過ぎ、稜線上の神楽ヶ峰に九時三十分着く。パラパラッと来たので、スパッツと雨具の上衣を着るが、雨はそれっきりだった。

ここまでに、昨日駐車場で会った三人に出会う。頂上は、ガスっていて何も見えなかったと話される。

水場も過ぎ、りんどう、トリカブトなどが咲いているお花畑を通り、最後にもうひと踏ん張り、急坂を登ったら平原が広がっていた。木道の向こうに小屋が見える。

山頂湿原に出たのだ。

両手を広げ、大きく深呼吸、辺りを見渡す。ゆったりと、のびやかで、広大な湿原。静寂の中に、風が、雲が、時間が流れ、ちっぽけな私が、入口に、木道の端っこに、ポツンと立っている。

時折、目の前の湿原と、空、雲の間、遠く向こうに、山々が青く連なっているのが、見えた。

来られてよかった。もう少しだ。

木道に導かれ、トコトコ山頂目指して歩いて行く。右側、谷から湧いてくる霧が、すぐ前を隠したり、見せたりする。

二一四五メートル、苗場山着。

証拠写真をと、リュックとストックを立てかけシャッターを押すが、標識の上の文字がどうも写りにくい。角度を変えながら三枚もとる。

横の道に入り、遊仙閣の前に出た。十時五十分着、テラスに回り込み、ここで休憩。十一時三十分下山とする。

賑やかな声の三人、男性が反対側から上がって来て、赤沢の方から登ったのだと言い、すぐ下りられた。

同じテーブルにいた男性が、大阪の人は、津南町、秋山郷方面から入りやすいかもしれない、僕は茨城だから、関越道で来たがと話される。後に地図を見ると、どうも小赤沢コースを、来られたようだ。

奥の湿原をグルッと回り、下山。ゆっくり楽しんで帰ろう。湿原を出て、すぐの急な下り、雲尾坂にかかった所で、長身の外国男性とすれ違う（四十歳前後）。

前方に見える湖が田代湖だと、上手な日本語で教えてくれた。

背の高さと細身の体、親しく話しかけてくださる彼は、ずい分前、子供が小さい頃、NHKの子供番組に「ノッポさん」という愛称で出演していた人に、不確かな記憶だが、重なってみえた。

地図を見てても、登山道ばかりに目がいっていたが、少し離して見ると、確かに大きな湖「カッサダム、カッサ湖、田代湖」とあり、地図では、カタカナのカツサ川の上流にあたるようで、湖はカッサ湖とッが小さく書かれている。

お互いに「気をつけて」と別れた。

下りは、やはり所々足場も悪いし、長いなぁ。各ベンチで休憩し、チンタラ、チンタラ歩く。

和田小屋からの下り、舗装道で丸めた手袋を見つけた。駐車場手前のぬかるんだ道には、

苗場山下山時　カッサ湖（田代湖）が見える

今落ちたばかりと言うように、フワァときれいな状態で黄色のヤッケが落ちていた。

十四時四十分登山口。

数台の車と、何組かの人がいる方に向かって、「落し物、しませんでしたかぁ」と声をかけた。

新潟市から来ていた感じの良い若いカップル、男性が、「ア！　僕のや。それも手袋も」と近づいてくる。

「どこにありました？」

湿原で二人が仲良く休んでいるのに声をかけ、シャッターを押してもらったっけ。

「よかった。恩返しが出来て、何より」と言葉が出る。

「ありがとう」

「さようなら」

先に下りていた頂上で言葉をかわした男性が、車の窓を開け、「お先に。お気をつけて」と、挨拶してくださった。

「ありがとうございました」頭を下げる。


慣れた(?)道の駅に戻り、あっさりおいしいものを食べたいと。レストラン?　いやぁ、塩ラーメンを持って来ている。作ろう。

鍋に、水、ダシとも半分にして、にんにく一片、オクラ一袋全部、ラーメンと、大阪から持って来ていたそれらを入れ、少しふやかしたラーメンを駐車場の端で作る。

これが久し振りに、温かく、おいしい、やさしい味に仕上がって大満足であった。

雨がパラパラとし、再び越後湯沢の駅前に着く頃には、本降りとなった。

スーパーに寄り、黒飴一袋、さば塩焼、弁当、ソーセージ、高菜おにぎり二個を購入。

そして、「取り立て、お得。新品種のお米〈こしいぶき〉五キロ、一八二〇円」

車中の高温も気になったが、謳《うた》い文句に引かれて、これも買ってしまう。

高速自動車道に入り、明日の行動に一番近い谷川岳ＰＡを少しのぞいて見ようと入った。赤城高原の方へ行こうと思っているのだが。

雨は止んでいる。

トラックの運転手さんたち、働く人達が気楽に入れるような食堂がある。雨の後で辺りがにぶく光り、暗い夜の様子は、少し寂しい感じではあったが、うれしいことに「六年水」と銘打っている山の水が出ていた。谷川岳の水が、六年たって出ているという。入って来る車のほとんどが、奥のその水場に向かう。みんなよく知っている。

今日はここで仮眠しよう。もう寝るだけだもの。

空いているボトルに水を入れ、二回ほど用心のため移動。

最終的に、一番明るい街灯の下、入口に近い食堂寄りの所に車を止め、雨上がりの山の上の宿（?）は、きっと冷えるだろうと、念のため持って来ていたテントの中からフライを引っ張り出し、上にかけ、目をつむって眠る。

谷川岳　行楽の山

九月十三日（土）

四時三十分、目がさめた。星が出ている。今日も晴れだ。

お茶をわかし、前日買ったお弁当を食べる。

水上ＩＣ、五時四十分出。二九一号線を北上、谷川岳ロープウェィ乗り場を目指す。

今日は土曜日、天気は快晴、ということは混んでいる？

六時十七分、ロープウェィ乗り場に。

六階建の大きな駐車場（料金五〇〇円）は、もうすでにたくさんの人が来ていた。途中の土合《どあい》の駅にも、今日の山の賑わいを、予想するような人の動きがあったが、ロープウェイは七時からだという。

ゆっくり用意して、切符売場に。長い列が出来ている。往復料金二〇六〇円。

次々来るロープウェイ。どれも満杯で動く。天神平まで「十分」とあったが、ゆれているのは五分くらいの感じで、外の景色を堪能《たんのう》する間もなく、天神平に着いた。えぇ！　もう着いた。短か〜。

広場を横切り、天神尾根をめざし森の中へ、人の群れに混じって歩き出した。

八時二十分。熊穴沢避難小屋着。

資料の小冊子には「一般登山者が登る谷川岳は『行楽の山』と言ってよい」と書いてあったが、こういうことを言っていたのだ。

その通り、人の多さに閉口した。

けれど小屋を過ぎてからの登山道は、ブナ林などの樹林帯だったのが、低い灌木に変わり、傾斜も強まり、ガレ場や細く狭い尾根歩きとなり、大きな岩の連続、木の階段も出て来て、頂上まで結構な急登、つき上げである。

そのため展望は抜群で、各人、グループがそれぞれ適当な場所を見つけ休憩、眺望を楽しんでいた。でも雨の日はまともに風雨にさらされ、厳しい登山になるように思えた。

登り切ると肩の小屋に。

さらに笹の間を少し上に登ると、一九六三メートル、トマの耳、九時四十分着。

十時十分、オキの耳、一九七七メートルに。

やっと見つけた岩場に座り、騒めく声を聞いていると、今まで思わなかった寂しさを、ちょっぴり感じた。隣りに座っている男性に混雑を話すと、今日はまだすいている方ですと、言われる。

それぞれで、順番待ちしながら、シャッターを押してもらい、十一時、元来た道へトマの耳を下りる。

すぐ下の肩の小屋は、山地図に⌂マークで載っていて、付近に水場はないが、中は食事付宿泊可、飲み水も売っているのだろう。

とにかく大勢の人だ。登りは数珠つなぎでも、動いていたが、帰りは一列、追い抜くこともできず、傾斜がきつい所にくると、停滞する。どこで何が起こっているのか。前（下）は、全然見えない。どんどんつまってくる。

たびたび、五分、十分？と立ち休憩状態。待つ時間は、さだかでなかったが、とても長く思えた。どこへ行ったのか、山に登ったのか。分からないような印象となり、こんな混雑した山一度登れば十分と思えた。

谷川岳天神尾根

谷川岳肩の小屋を見下ろす

そんな中、上がってくる人達に混じって、昨日、苗場山の下りで、すれ違ったあの外国人男性がやってきた。

「今からですか」

元気な人で、

「オォ！　また会いましたね。きついですね。今日は肩の小屋に泊まります」と言う。

昨日は、雨に遭わなかったことも分かった。

「人生の後始末、百名山の残りを仕上げようと、登っています」と話すと、

「いやいや、そんな言い方しないで。今日の後始末、楽しい今日の過ごし方、いい終わり、後始末と言ってください」

豊富な語彙、優しい日本語で励ましてくれる。

自分は東京からと。私は大阪からと言うと、「まいど」「おおきに」と笑った。

今夜の肩の小屋泊まりで、彼は楽しい今日の過ごし方を実践する。

きっと満天の星も見えるだろう。

明日は？　残りの山は、上州武尊山《ほたかやま》、日光白根山《しらねさん》、男体山《なんたいさん》だ。

東京に近づくほど、人が多くなる。今まで静かな山登りだったが、これからは、観光の人もいるだろう。何だか気が重い。

新潟方面が雨らしい。その前は群馬の方と、雨は私が登る前に降ったり、後に降ってきている。有難い。

十三時五十五分、天神平もどっと人がいる。やって来たロープウェイに飛び乗り、水上町営の「湯テルメ・谷川」に向かった。

いいお風呂だったが、入口は受付も狭く、靴箱も混雑していた。そして、休憩室は二階にあったらしいが、気がつかず、ごったがえしていたので、急いで出てしまった。

休憩していたら印象も違っただろうに。

そしてあの下山の混雑は人が多いうえに、時間帯が登る人、下る人と重なる頃であり、登山道もすれ違うには急で狭い一本道だったのだと思い至る。

今日は赤城高原SAでお泊り。トマトをかじり、プラムを頬張り、前日の谷川岳名水を飲みながら、車を走らす。

SAの出店は、店仕舞いの様子で、トラックが横付けしていたりと、たそがれ気分をかもし出していた。行楽帰りの人達が、残りものの品さだめをしている。

私はと言うと、ウィンナーをかじり、鍋に買ったばかりのさやえんどう一パック全部をちぎり入れ、にんにく一片、もちろん、水、だしも少なめ。ふやかしぎみの例のラーメンを作って食べる。

レストランでコーヒーをテイクアウト。柿ピーをかじり、車の中でくつろぐ。

今日の天神尾根の登りで、あの田部井淳子さんや、名だたる岳人もここを通ったのかと、同じ景色を見たのだろうかと、立ち止まり眺めた峰々。谷をへだてて、左前方横に、うねうね続く稜線、尾根を思い出し、急登だったが、案外簡単な山だったなと。

どこが「あの谷川岳」と、大きな響きの山にしているのだろうかと、頭をかすめ山地図を拡げてみた。

私の今回の山行きは、車を使い、ロープウェイも乗り、ピンポイントで往復登山。最短のルートを、初級コースを選んで登っていると再認識した。

残念ながら、不本意ながら、当然、望んで今回はどの山も数をかせぐ、仕上げるという目標で、車を使ってということもあり、同様の登り方をしている。

大きく拡げた山地図の左上から斜め右下にかけて、トンネルが二列の破線で記載されている。上越新幹線の大清水トンネル。上越線土樽《つちだる》駅付近から、清水トンネル。新清水トンネル。また土樽PA近くからは、関越トンネル、関越自動車道が、上・下二本も。あわせて五本が、谷川岳を挟んで、地図上を横切っている。ということはこの山の下、山の中に大きな穴があいているのだ。

これだけ見ても、山のスケールが違うということが分る。

山地図に付いている小冊子から抜粋すると――谷川岳、苗場山、武尊山は、首都圏から近く、それでいて山は大きく、谷は深く、雄大な山容の山が多い「近くてよい山」だ、とある。

谷川連峰は、群馬、新潟の県境にあり、本州脊梁《せきりょう》山脈の一部である（脊梁を辞書で引く→せぼね、せすじ）。そして日本有数の豪雪地帯で、豊富な降雪によって、谷は深くえぐられ、巨大な断崖絶壁を有する。

連峰の稜線は北へ巻機山、越後三山と続き、西は志賀高原、草津白根山と続く。武尊山の稜線は北へ尾瀬の至仏山《しぶつさん》、平ヶ岳と続き、さらに越後三山につながるとあり、昭和六年、上越線清水トンネルが開通すると、首都圏から前夜発日帰りができる山として、多くの登山者が谷川岳に通った。一ノ倉沢など巨大な岩壁がいくつもあり、多くのクライマーを引き寄せ、遭難事故もあった——。

田部井淳子さんたちはここで鍛えたのだ。

登山後に落ち着いて読むその小冊子の短い概要からでも、実際通過したトンネル（高速自動車道、それも九月だけれど）の印象が思い出され、あの「国境の長いトンネルを抜けると雪国であった」のシンプルで流れるような文章は、この地域の情景を鮮やかに表わしていたと思えた。

東京の孫達が冬、好んで行った湯沢、苗場山方面は完全に日本海気候だとも納得できた。ちなみに「　」の文章は、川端康成の小説『雪国』のあまりにも有名な書き出しで、そのトンネルは昭和九年頃の清水トンネルを指しているようだ。

また「玄人好みの山」「クライマーの山」のイメージが強いが、ブナやトチノキなどの美しい森が多く、気軽に森や湿原を楽しむハイキングコースもあるとも記載してあった。

地図上北にある南魚沼市、清水からも清水街道、清水峠とあり、それらも江戸～明治時代にかけては、越後と江戸、東京を結ぶ、重要な交易路だったと記載されている。

今回巻機山の麓の清水民宿に泊り、早朝、この道路を奥（左側）に行けばどこに行くのだろうと眺めた道（二九一号線）は、すぐ行き止まりらしく見え、その奥、後ろに暗い森が立ちふさがっていたのを一顧し、右側、元来た道を塩沢石打ＩＣを目指したのだが、あの道はどんどん進めてやがて山に分け入り、山道、登山道となって、峠につながり、たどって行けば、谷川岳に通じているということが、地図上で読めた。

行けるんだ。あそこから、清水からこの谷川岳へと。旧国道（清水街道）が登山道として残り、谷川岳の麓、ロープウェイ奥から、土合の駅の方へ、立派な清水街道、二九一号線が、地図上に現われている。

そして苗場山で会った人が、仙ノ倉山からこっちの平標山へ行こうと思っていたのだが……、と話されていたのも、これもしっかり縦走コースとして繋がっているのが分かった。

谷川岳連峰は岳人の登山意欲をかきたて、ピンからキリの登りが楽しめる、万人に愛される大きな大きな山なんだ。

もう今となっては、ほとんどどれも実現できないが、私の今までの人生が大阪じゃなく関東方面であったなら、きっとこの辺り、一つや二つは、大汗をかきながら登り、稜線を風に吹かれて歩いただろう。

そしていい山の思い出として、回想出来ただろうなと素直に思う。

一方、岳人が喜ぶそれらの山々は、反対側で生活している人、日本海・新潟の人達にとっては恵みもあろうけれど、大きく立ちふさがる存在であり、閉塞感があっただろうなあ。一つのトンネル、線路、道路ができるたび明るく日が差すような、閉まっていた窓が開くように、風が流れるような思いであっただろうと。その都度、人の往来、生活の向上がみられただろうと思えた。

男体山　兄妹

九月十四日（日）
今日は男体山へ。昨日はストレッチできなかったなぁ。

真っ直ぐ歩くには、大丈夫なんだが、連日の山歩きで疲れが取れないまま動き、筋を痛めたようだ。

右股関節のあたりが、車の乗り降り、開脚する時に痛み、シップを貼ってごまかしている。前日にメンテナンスすると、朝はましで、今日も登れる、行けると歩いている。

五時四十分。赤城高原SA出発。南下し、赤城IC、Uターン、下りに入り、沼田ICへ。六時二十分、高速自動車道を出る。一二〇号線、ロマンチック街道へ。

日光白根山を右に見ながら、戦場ケ原《せんじょうがはら》をめざし、途中の白根山へのロープウェイ乗り場も下見する。白根山への登山口、菅沼《すがぬま》にもすでに数組の登山者が見えた。

金精《こんせい》トンネルを抜けると、下りのカーブが続き、湯の湖を右に、下山後の入浴、温泉はここらでと。雲取山で会った男性が軽トラックで行ったという裏男体林道をめざして走る。

左側に光徳《こうとく》入口をちらっと見たが、すぐ先の三本松へ。しかし、そこからの林道への道が分からない。降りてしばらくウロウロするが地図上の道が探せない。

先程の光徳に戻り走ってみると、一キロも行かないうちに、右へ鋭角に（少し戻るように）細い道が付いていた。ここだと思ったが、目の前に、大きな水たまりが、ずっと続いている。

ストックで深さを測ろうかと考えていると、後から小型のセダンが、右へ左へゆれながら、ゆっくり水の中を通っていった。通った。行ける。

幸い二〇〇メートルほど行くと、舗装している裏男体林道につき当たった。左に折れ奥へ、走りやすいきれいな道をどんどん行くと橋に出た。堰堤《えんてい》工事をしている。たぶん湯殿沢橋だろう。すぐ先に分岐があり、右の樹林の中ゆるやかな登りの道に入る。

これでいいのか。不安に思いながらも、カーブが続く坂道を上がって行く。方向は間違っていないと。ところどころ広くなっている場所には、一台二台と車が駐車している。やがて木々が伐採されている、明かるい所に出た。

志津乗越だ。道幅はいくらか広くなっているが、駐車禁止の札も出ている。そしてすでに車がいっぱいだ。

一台の車（親子連れ）が、女の人の誘導で端に止めようとしていた。

「後で、私の車も少し見てて、くれませんか」と彼女にお願いする。

そこへ単車の男性が来て、立ち話の中で、

「この山で九五なんです」と思わず言った。

幅寄せを見てくれた女の人（ママ）に、礼を言い車を降りると、その家族の子供（男の子）が、

「おばちゃん、もう九五、登ったの？　僕らと一緒に行く？」

可愛く、人なつっこく寄って来た。

「う～ん。一緒になったらいいね。おばちゃん、これから用意だから、僕らの方が早いかもね」

登山靴のひもをしめ、支度する。

六時前に、赤城高原ＳＡを出発して、すでに九時、ゆっくり運転してきたが、それでも思ったよりかかったな。

まあ、今日は楽勝。のんびり行こうと。今のところ足も大丈夫だと歩き出した。

登山口、九時五分、ここは一七八五メートル。頂上二四八四メートル。七〇〇メートルの高低差だ。

この旅の出だしで、時計をなくし、不自由このうえない。少なからず影響している。い

つもの行動にブレーキがかかる。ペースがつかみにくい。先程の家族と一緒の出発となる。男の子はぴたっとついてくる。お供があるのはうれしい。

私と男の子の二人が先になり、いきおい私が先頭に。

「ほら、印《しるし》あるでしょう」

前方の木についている赤テープを指す。

「間違っている時もあるけれど……」

「ほら、またあすこ、あっちよ。道があるでしょう」

歩き出してすぐの避難小屋で、お父さんが忘れ物をしたと引き返す。お母さん「待っててあげてね」と男の子に。

彼は私と行きたがったが、「ぼちぼち行っているよ」と離れた。

Tシャツ、ジャージズボン、ストック一本、丸顔に眼鏡をかけ、頭は丸刈り、一休さんのよう。小ざかしい様子じゃなく、ふわぁとはにかむような笑顔がかわいい。

この山で九五という話を聞き、彼の中で少し評価が上がっているようである。

一人ゆっくり行くが、急坂が始まった所で腰を下ろし、来るかなと思っていると、やがて姿を現した。

「待っていました。会えたね」

楽しい水入らずの山行きを、邪魔するんじゃないかと、少したためらったが、彼らの笑顔が、自然な流れで同行をうながした。男の子は、さっさと私に引っつく。

登山道は、暗い樹林帯の中で、木の根がむき出し、赤土粘土状態、えぐれて深い溝になっている。そして、どんどん急坂に。

少しでも段差の少ないところと、右に左にかわしながら、溝の外、際《きわ》を登る。

後ろから唐突に、呼びかけもなしに、

「僕の学校に、大阪から転校してきた子がいるの。その子も大阪弁を話す」

(なるほど。あぁ、それも私に引っついてくれる訳か……)

「そうなんや。やさしくしてあげてね」

ちらっと振り向くと、下を向いてにんまりしている。

転校生に、一番に声高《こわだか》に話かけるタイプじゃなく、遠くから見ていて、その子が近くに来たとかで、自然に友達になる、そんな風に思えた。

大阪の子も、この子と同じようであってほしいな。

「富士山に登ったことありますか？」と聞いてきた。

「う～ん。登ったよ」

「いつ？」

「もう、ずっと前に」

「ふ～ん。僕は夏に登りました」

「へえ！ そうなんや。すごいね。何年生？」

「四年生」

「う～ん。頑張ったんや」


展望のない急な樹林の中を、二合目、三合目と声を出しながら、励まし登る。

この山は、この家族にはどれくらいの山に当たるのだろうか。

「横を通っていても、この道を（溝を指さし）頭において、はずさないように進むんやで」

「ストック、少し長すぎるね」

頬を紅潮させて、後ろからくる妹（小学一年生）と、夫婦。

彼女も眼鏡をかけている（遠視の矯正かな）。前髪をきれいに揃え、しっかり者に見える。

お兄ちゃんに追いつこうと、父母の先を歩き、奮闘している様子が見え、ほんにかわいい。

休憩の都度、兄が「ゆうい～」と呼びかける。

「お兄ちゃん。待ってぇ」

両手両足を使い、一所懸命登ってくる。

そのたび、よく頑張りました。えらいねと声が出るし、かけてあげる。

「ゆういは大丈夫。五時間歩いたことがあるから」

そして、また「ゆうい～」と呼ぶ。

呼びかけるとあわてるから、声をかけないで、じっと待とうと言ったが、余計なことだったかもしれない。

後ろから、またしても唐突に、

「富士山に登って一番びっくりしたのは、幼稚園児が登っていたことです」

（へぇー。そういえば、どこかの幼稚園が、そんなことしているのを聞いたなあ）

「すごいね」（ほんとすごい）

「でも僕も、すごいやん。雲が下にあったでしょう」

「うん」

「富士山もすごいけれど、今日の山もきついから、ここを登るのもすごいことなんよ」と話す。

道をはずしたので、踏み跡のない木の下、低い枝の下をくぐり、えぐれた道、正規の道に飛び降りた。

「ウワァ！」彼は半袖だ。

「山へ行く時は、長袖がいいな」

「でも、暑いもん」

（そうやね。しかし、きっとまた、ちゃんとした山へ行くだろう君は、肌を出さないほうがいいよ。ついでながら、その頭も帽子をかぶる方がいい。日よけはもちろん、何より保護のため。枝が当たり、血がふき出た仲間を見ているから。だけど、無帽も、半袖も、分かっているけれど、してしまう私がいるのも確か)。

元気づけのため、自分の元気づけのためにも、できるだけ声を出す。下りてくる人に、

「こんにちは、なかなか急ですね」

「ええ、何合目か分らなくなりますでしょう。四合目も分からなかったし」

「四合目。ありました。標識倒れていました」と彼。

穏やかな落ち着いた声で、しっかり口を挟む。

(確かに、君が起こしていたものね)

休憩のたび、お父さんが差し出すカルピスを二人がおいしそうに飲む。

妹は、腰かけている私より少し高い所で立ち休憩。突然、

「私のこと、まだ紹介してなかったですね。私、ゆういと言います。よろしくね」

首をかしげて、にっこり。

「え！ 私、イタミ」

間の抜けた返事。どぎまぎする。驚いた。負けた。大阪のおばちゃんは、負けました。

「おばちゃんも、あなた達と同じような孫がいるの」

「いくつですか？」

「三年生と幼稚園」と言うと、

「一つずつ、私達が上ですね」と返ってきた。

そして、

「ママ、飴、持って来てないね」

「ごめん、忘れた」

「あ！　おばちゃん持ってる」

少しでも荷を軽くと、このたぐいはいつも二、三個しか入れていない。まして今日はピストン。だが、湯沢で一袋買って、一握り（六、七個）入れていた。ポシェットから出し、二人にあげると、

「ありがとう」

「私の、これは一番好きなあめ」と口に入れる。

気遣いしながら登るが、彼も元気で、なかば、引っ張られながら登っている。携帯と地図をよくよく見れば、私一人で登るペースである。速い!!

取り付いた時間も早くはなかったが、それでも、抜かれた人はいない。

夫婦に言うと、

「ええ、速いペースですわ」

「大丈夫ですか」

「大丈夫そうです」と汗を拭きながら、笑う。

視界が開け、右側が土砂崩れでも起こしたかのように、広範囲にえぐれている谷を、見下ろす所に差しかかる。

「止まらないで、山の方に寄って、あまりロープを持たないで」と声をかける。

今度は、左側にざっくりと深くえぐれ、山肌がむき出しになっている所に出た。その際も通る。ここが鼻毛の薙《なぎ》という所だろうか。

振り返ると登ってきた樹林の奥に、すっくとした山が見える。女峰山？　いやもっと左の太郎山か、はたまたすぐ近くの大真名子山《おおまなこさん》か。とにかく、三角形の形のよい山が黒く見える。

この頃から辺りの木々が低くなり、足元も明るく見えてくるが傾斜は続いている。

男体山　鼻毛の薙

大人でもかなりの急坂。足幅が小さい子供は、本当にきついと思う。

「しんどいね。でも楽しんで行こうね」

「うん、楽しい」

いつの間にか、「こんにちは」という彼の声が大きくなっていて、私より先に発している。どうかすると、すれ違う人にかけているつもりの自分の声が、彼の声に挨拶しているタイミングになっているのに、気づいた。

「ちゃんと、こんにちはって、言っているね。えらいよ」

「うん」

三人が来るのを休憩して待っていると、今までは、姿が見えなくても、気配で分かったのだが、シーンとしていて、いっこうに上がって来ない。おかしいね。何かあったんじゃないかな。

お母さんに抱かれた女の子が、後ろから荷物を持ったお父さんと、現れた。

「どうしたんですか」

「ええ、その下で、足を引っかけてこけたんです」

妹、意気消沈気味。

「お兄ちゃん、見て。怪我したの」

手の平を見せる。赤いぶつぶつが見える。あわてて、絆創膏を取り出そうとすると、

「いや、血も出てないんです。大丈夫です」

お母さん笑いながら、片目をつむる。

「ここまで来るのでも、大健闘。無理をしないで、引っ返してもおかしくない」と言うと、

「どうする?」女の子に聞いている。

「上まで、もうすぐだよ。頑張ろうよ」とお母さん。

「う〜ん。じゃあ、登る」

再び登り出すが、またしても、二人と、三人とに別れる。

後ろから突然、

「ゆういが、ママのお腹にいる時は～」

次に何を言うのだろうと、思いながらも足場を探すことや、下から上がってきた霧にも、気を取られ、私の方から言葉をうながすことをしないでいたら、その次がなかった。

私の気持ちの中には、この小さな男の子の家庭を覗く、知りたいという考えはなかった。この子から、興味本位に詮索するということは、私の流儀じゃない。

どの程度、足の力があるのかは、分かりたかったので、それは聞いた。

ママは、時々山へ行く――一人で？　子供をおいて？　いわゆるはやりの山ガールかな。

富士山は、パパと二人で登った。――じゃあ、いくらか、山を分かっているのだ。

（いい教育をしている。いわゆるゲーム一辺倒にはならないな）

東京の孫とも、ぜひこうした機会を持ちたかったけれど、まだ持てないでいる。そして婿殿が、来月（十月）から札幌勤務になった。孫たちが後からにしても、北海道に行く日は近いだろう。そして夫婦は、山登りには関心を示さない。

ママのお腹にいる時は～、後に何が続くのだろう。大笑いしたのだろうか。三人で楽しく、どこかに行ったのだろうか。下の子には分からない何かを、先に生まれた子は忘れないでいる。

みず知らずの私のすぐ後ろを、登りながら話しかけた彼の言葉は、三歳で妹を迎えた孫を思い出す。

家族の中にあって、いつも兄ちゃんに勝ちたいと、一人張り合っている、怖いもの知らずの妹に対して、けなげに、ふるまっているお兄ちゃんはつらい。

夫婦の子供に対しての愛情の重さを、気配りを願って、ばあちゃんは、つい男の子を、かわいがってしまう。下の子も、おしゃまでかわいいのに。

とうとう木々の間を抜け、空が大きく広がる稜線に出た。

谷を挟んで向こう側、前方に、神社、頂上らしきものが見える。

ゆるやかな尾根を歩くようになり、回り込むのか、今度は下りになる。

「頼んまっせ」

(下るなんて、下ったら、また上りじゃないですか。勘弁して下さいよ)

と言いながら、足早に歩く。

「平らな所は、少しペースを速め、時間をかせぐのよ」

矛盾するが、

「山登りは、速くなったり、遅くなったりしないで、いつも同じペースで登るようにするんやで」

足かけ二十五年、とぼしい山行きの経験で彼に伝える。

「上についたら、五人で写真を」

この頃から彼は、二回、三回と、決まって後尾は小さくなるが、「写真は、五人で撮ろう」と後ろから言う。

どう返事していいか分からないので、「そうやね」と言葉を濁す。

だって、この子が言っても、夫婦はどう思っているのか。上でこそ四人で楽しく、お弁当を広げ、記念写真だろう。

頂上は、反対側から登ってくる人もたくさんいて、結構な人出であった。

十一時四十五分着、九時五分出発だから、二時間四十分。山地図通り。休憩込みだから、本当に、小さな足で、よく頑張りました。

「早かったね」と声をかける。

晴れていれば、眼下に中禅寺湖、その向こうに、これも一所懸命行った皇海山が見えただろうに、霧がかかり展望なし。

進んで行くと岩まじりの台地に、ことさら高く、剣が突きたてられているのが見えた。そこが頂上のようだ。

写真はここでも順番待ち。後の人にシャッターを頼む。お母さんが、「おばさんも入ってください。五人で」と。

一緒に一枚撮りました。

奥の方に見えている神社の方へ行こうとすると、彼があわててついて来る。

「他に頂上の印があるか見てくるから、ゆっくり、ママ達と一緒にお弁当を食べていて」と話し別れたが、それらしい物はなし。先程のところが、やはり頂上かと戻る。

こちらに向かってくる彼らと一緒になる。休憩もかねて昼食に。離れるのも何だか変なので、一緒に食べようかと、三三五五大勢の人がくつろいでいる中に私達もすわる。

「お年はいくつですか」お母さんが聞いてくる。

「う～ん。あなた達のお母さんと同じよ」

「え！」と言うので、六十六歳と返す。

「え～、お元気。いくつぐらいだろう、山に慣れてらっしゃると、主人と話していたんです」と言う。

自分の母は、七十歳くらいと言ったか、あまり変らないように聞こえた。

コンビニで買ったサンドイッチ。彼らもおにぎりを持って来ていたが、途中で食べていたこともあり、すぐ終る。

「じゃあ、お先に下りるわね」

腰を上げると、また、ついてきそうになる。お母さんがすかさず、

「私達は、神社の方へ行ってから下りよう」

と助け船を出した。

男の子の頭を、「えらかったね。よく頑張りました」

となでると、黙って下を向いた。

「せっかくの家族水いらずに、間に入って」

と言うと、

「いえいえ、とてもうれしかったみたいです。こちらこそ、お世話になりました」

と、深く頭を下げられた。

山頂の喧騒から離れ、一人になると、辺りの景色が、一瞬、シーンとモノクロに見えた。

黙って下を向いた男の子の姿が、思い出され、あの子ともうお別れしたんや、もう会えないんだと。

一緒に下りたかったなあ。

かわいそうなことをしたのか。

どう言えばよかったのだろう。

下山は急坂の登りだった分、気楽というわけにはいかない。

集中！　心の中で気合を入れる。

途中、二組の親子連れとすれ違ったが、二組とも疲れからか、子が不機嫌に立ち止まったり、それを親がたしなめるようで、これまた不機嫌な様子。あの子達とは違っていた。

弱っている足腰に余計な負担をかけないよう、無理な姿勢を取らないよう、慎重に下る。

そうこうしているうち、足の運びに一定のリズムが出て来た。

十三時、一合目着。

少し前から明かるくゆるやかな道になっている。登山口もすぐそこだ。彼らは、まだまだ、だろうか。

今日は時間もあると、絵手紙の用具を入れてきていた。

一枚描こう。

登山道を振り返り、葉書の右寄りに、一合目の標識を入れ、東京の孫あてに、

「おばあちゃんは、男体山に来ています」

と、出来栄えはともかく、仕上げた。

まだ来ない。少し思案したが、見に行ってみようと、ゆっくり戻った。

暗い樹林の間を、下から急坂をすかして見るが、まだ見えない。

年配の夫婦が下りて来た。

「若い親子連れに、会いませんでしたか？」

「う～ん。いましたよ。まだ大分上ですね。男の子は元気でしたけど、女の子が少し、てこずっていましたね」

一緒に下りてあげればよかったかな。

一所懸命追いつこうと、登っていたので、疲れが出たのだろう。

それもあって、別に下りたのだけれど、反面、急な下りでは、歩幅が小さい子供は、リズムよくとはいかないだろう。下りの方が、役に立ったんじゃなかろうか。

立ち往生している様子が浮かぶ。

もう少し行ってみよう。

ひとり下りてくる男性に尋ねる。

「あぁ、もうすぐそこに、下りて来られますよ」

話していると、お父さんが先頭で姿を現した。

「ちょっと気になって戻って来ました」

彼は頰を紅潮させて、

「いやぁ、なかなかの下りですね。気が抜けませんでした。思いのほか時間を取られました」笑いながら言う。

すぐ後ろを男の子、その後ろ横に女の子の顔が覗く。彼女の半袖の下着姿に、下山の頑張りが見えた。

「おばちゃん、僕達にもう一度、会いたくて、少し待っていたんよ」

「私達も、おばちゃんに会えて、うれしい」

小さなレディは、言ってくれる。

男性に礼を言って、下りてもらい、五人が私を先頭に歩き出す。一合目にかかるが、休まずそのまま歩くと言うので、先に向かう。

たぶん、男の子が、すぐ後ろに続いていると思うが、妹と小ぜり合いしているのか、「これ！　あんたたち」と、お母さんの声。

だが、後ろからは、何も聞こえない。

振り向くのも、足を止めるのも、何となくためらわれ、知らんぷりして、草木の間をどんどん進む。

二番目を争っているのか。かわいい!!

「歩き方が、（子供達の）速くなっている」

後ろからのお母さんの声。

「今日は、キャンプ場で、キャンプして泊まるの」

「車は、買い替えたばかりで、新車なの」とも。

やっぱり会えてよかったな。

避難小屋の横に、ちょろちょろ水が流れている。ストックの先、靴の底をつける。見せて、どうかと思ったけれど、

「いつもお終いは、こうするんです」

と話しながら、横の草で靴底をこする。

お母さんが、

「〇〇（名を呼んだ）、うれしそうに見ているやん、あんたも、したかったらしなさいよ」

男の子、うれしそうに靴、ストックを水たまりにつける。続いて妹も。

「ゆういは止めて！　その靴は普通のズックだし、替えがないから」

あわてて離れるが、不満そう。

登山口に着いた。

「ありがとう」

標識を軽くたたく。

「今度は本当に、お別れやね」

振り向くと、顔いっぱいの笑顔が見えた。

「二人は、運動会、かけっこ一番やね」

「私、何番か知ってる」

と妹が寄ってくる。

「二番だったの」

「すごい！　すごい」

お兄ちゃんはと、振り返ると、

「僕は～」

と例のはにかみ顔に、少し弱気な表情を浮かべ、

「そんなに速くないの」

「僕は、長距離なんやねぇ」言葉をつなぐ。

励ますつもりが、大失言。

しっかり歩けたことを伝えたかったのに。

足の力があるのを、ほめたかったのに。

何をつまらんことを、競争じゃないのが、山じゃないか。

山で競う人をちょっと違うなと、いつも思っているのに。

「今日は、キャンプするの」

「わあ、いいいね」

「そうだ、お別れに握手しよう」

手袋をはずし、彼に、

「よく頑張りました。えらかったね」

(本当にいい子、いい子、ありがとう)

眼の隅《すみ》に、妹が急いで並ぶのが見える。

「はい、よく頑張りました」

小さな手が、可愛いい。

お母さんが「ありがとうございました」と、また深々とおじぎしてくれた。

「いい子ですね。ずっと、無口（一人旅）だったもので」

言い訳がましく言う。先に彼らが出発。

頭を下げる夫婦の後ろで、後部座席は、ベッドになっているのか、窓の上の方から、二人の元気な声と、満面の笑顔が覗き、

「さようなら、さようなら」

小さな手が、大きく振れている。

こちらも笑いながら、手を振り見送る。遠ざかった。

一抹《いちまつ》の寂しさと、自分の行動に満足もした。

住まいは埼玉と言ったか。

男体山のこの出来事は、兄妹のことは温かい思い出として、思い出となったことへの少しの切なさも混じり、時々でてくる。

五人一緒。手前の岩場と剣が大きく写り、しゃがんだパパの横、剣の側で、ストックを突いて立っている僕。ママ、私の後ろに座り、赤いヤッケのフードをかぶり、ピースサインで覗いている女の子。

二人が小さく映っている。

じっと見ていると、あの時のことがよみがえってくる。

道には、朝方会った単車の人と、一枚の写真。親子連れは見なかったかと尋ねた男性がいた。

単車の彼は、

「いやあ！　こっちは荒れていて大変だった。男体山の方がずっと楽」

と女峰山《にょほうさん》を指さした。そして、

「送ってもらったら」

と、リュックを抱え、切り株に座っている先の男性に言う。

その彼は何も言わず、黙ってにこにこ顔で座っている（私と同年齢くらいか、少し上か）。

便乗する車が、なかったら通りまで、二時間の道のりを歩くことになる。

荷でいっぱいだったし、山を下りたばかりで、ボーとしていたので、「え！」と思ったが、仕方がない。

助手席、足元の食料を後ろに放り投げ、乗ってもらい、元来た道、裏男体林道を走る。

「登りは（二荒山《ふたらさん》神社表参道）、人が多くて、下りのこちらの方が、静かでずっと良かった」と話す。

行きに躊躇したえぐれた道は勘弁してもらい、分岐で降りてもらった。通りまで（三本松まで）徒歩、十五分ほどである。

湯の湖、湯元温泉に戻り、車を止める。

宿は秋の連休、絶好の行楽日和、一人の飛び込みなど、どこも受けないだろう。今日も車中泊となるか。

幸い、「日帰り入浴可」はあちこちにある。早く体を休めて、明日にそなえてメンテナンスをと、駐車場前「津守釜屋旅館」の表へ回る。玄関は、立派なホテル風で、従業員が着飾ったお客を案内していた。少し気遅れしたが、思い切って入る。

露天風呂は、にごり湯で、少しぬる目、私を含めて五人、みんな日帰り入浴客だった。ペアが二組で、そのうち一組、二人が楽しい元気な人達で、他の三人は聞き役。彼女達い

わく、

「これからの谷川岳は、ロープウェイ乗り場はもちろん、上の天神平も、歩行者天国。人でぎっしりになる」

「昨年、一つ手前の道を入って（具体的に地名が出たが、私には分からずじまいだった）行くと、もう私達だけの素晴らしい、紅葉の景色が広がっていた」

そして、「今日の、いろは坂の下りは、二時間の渋滞だ」と言う。

驚きでもあり、さもありなん、こちらの方向で良かったなあと思う。

ロビーで少し休んでいると、次々予約のお客が入って来る。十八時頃、外は薄暗くなり出る時、ホテルの人に、湯加減を聞かれる。彼女達は露天風呂はぬるいし、中は少し熱すぎると言っていたが、私は良かったので、

「正直、そういう声もあったのですが、私には、それがいいお湯だったです」

と話した。

「そうですか。温度管理は、なかなか難しいです」

「今日はお宿はいっぱいですね」

と言うと、

「はい。おかげ様で」

と返ってきた。

中でいつものように洗濯。明日の飲み水用にボトル満杯とし、更衣室では、携帯のバッテリーを充電する（ごめんなさい）。

夕食は、入浴前にここ何日か、こっている例の塩ラーメンを作り、食していた。キャンピングカーの横に車を移動し、今夜も冷えるだろうなと、フライをかぶせて寝る。

夜中十二時、満天の星。

上州武尊山　あわてもの

九月十五日（月・祝）
今日は那覇の方で雨が降っていて、関東の方は晴れ、少し安定していると。
明け方、三時、星が全然出ていない。

足の調子もあまり良くない。祈る思い。

今回の目標に、あと残り二山となる。初めの頃は、数をにごしていたけれど、男体山で、具体的に数字が言えるようになった。

すぐ横の日光白根山《しらねさん》と上州武尊山。

一番楽なコース、取り付きまでが悪路じゃない所と考え、ロープウェイがあれば使うと決めていた。

日光白根山の方は、この時期、いつも動いている。武尊山は、日祝だけ動いている。AM八時からと。

今日は、祝日。武尊山が先だ。

五時十五分出発。

ライトを用心して点けたが、十分も走るとスモールも要らなくなった。

ロマンチック街道を武尊山へ。走り出してすぐの金精道路この辺りの樹林は、日本製紙の社有林と立札がある。

野生の鹿が一頭、際に姿を見せた。

こちらを見ている。眼が合う。カメラ、カメラと助手席、リュックを手で探るが、目は離さず見合ったまま。

すっくと立姿の良い、毛並のきれいな若い鹿だ。

ゆっくり、視線をはずし、木立の中を戻っていった。

ふと、八十五で亡くなった父を思い出す。あれからもう二十年になる。子供の中で、一番気にかけてくれていたし、波長が合っていた。結婚生活で心配もかけたし、一人でいたら、もっと自由に、普通の親孝行が出来ただろうが、ご多分にもれず、孝行したい時に、親はなしである。

でもいつも上から見られているように思え、話しかけている。

二十年もたったら、どこかに行っているわ。

山は、空に、近い。

七時三十分、片品《かたしな》武尊牧場スキー場、リフト乗り場に着く（一〇八〇メートル）。

先に来ていた登山者、車二台が横のゲートを開け、林道に入っていく。ロープウェイと、頭から決めていたので、通るかと聞かれたが、「いいや、八時から行きます」と断る。

分からない所を、走るよりは。現にもう一つ上の登山口へつながる道は、通行止めとなっている。

途中のコンビニで、スパゲッティを買っていたので、腰を下ろして食べ始めた。そこへ一台、女の人が。

様子をうかがうように、こちらを見ている。離れていたので、思わず手話を使い、「私は八時から行く。先を急ぐなら、ゲートを開けて、どうぞ」と、声も出しながら話すと、うなずいて近寄り、ゲートを開け、振り向いたが、「お先にどうぞ、いってらっしゃい」と手を振る。

その時彼女は耳が不自由と気づいた。

シーンとして、何だか変。

山地図を広げ（二〇一四年の最新版）見るが、「第五、第六リフト。十月上旬まで運行、ただし、九月から、土、日、祝のみ」と書いてある。間違いない。が、誰もいない。

ゲートに近づくと、「通る方は自己責任で、使った後は、閉めて下さい」とある。

また一台、ゲートを開けて通って行った。

たまらず、結局、おっかなびっくりで、私もゲートを開けて、その林道を走る。

工事中で、急勾配のダートの道が少しあったが、あとはきれいな舗装道が続く。カーブ、坂道を上がって行くと、通行止めの柵が道路をふさいでいる所に来た。ここもリフト乗り場で、道路沿いの駐車場に車がズラッとある。降りて辺りを見回すが、人影もなし、リフトも動いていない。

何かおかしい。よくよく見ると、片側に車一台通れる幅だけ、柵がない。三合平へ行く人は～とか、書いてある。

何が何だか分からない。が、また急いで上をめざす。

上がり切ると、そこは大きな台地、原っぱで、キャンプ場になっていた。奥には建物も。テントの周りで、遊び騒いでいる子供の声も聞こえる。

登山口はここかい？

時間を見ると、七時五十五分。えぇ！　八時からのロープウェイ、ロープウェイと。車を空地の駐車場らしき所に置き走るが、そんなのはどこにも見当たらない。

尋ねると、ここからロープウェイはないと。

確かに。乗り物はロープウェイじゃなく、リフトで、その乗り場も最初の待っていた所だよね。

道をどんどん上がって来れて、ここはもう三合平に来ている。リフトが動いているなら、ここまで。

上まで来ているのだ。ここから山を目指すんだ。今になって分かる。

飲み込みの悪い。思い込みが強い。

この間、三十分弱のことで、せっかちであわてものが引き起こしたひとり相撲。八時にはなっていなかった。

八時六分歩き出す。

こんなんだったら、もっと早く取り付けたのに。あの耳がご不自由だった女の人（私より少し若いかな）よりも、先に歩いていたし、一緒に歩けたのにと。

落ち着け、落ち着けと思いながらも、この時間なら、後から来る人は、いないだろう。

熊は大丈夫だろうね。幅の広いぬかるみの登山道に。気にしだしたら、辺りのブナの木の中、下生《したば》えの笹の間からも、出てくるような気が……。水場はないが。

避難小屋もすぎ、ぬかるんだ道をアップダウンをくり返し、樹林の間、森の中をひたすら、前へ前へ進む。やがて、森を抜け辺りが低い木々となり視界が開けてきた。

小湿原、セビオス岳と地図に記載のある少し手前で九時五十五分、休憩。

この辺りから、前方に人影を見る。一人二人と下りてくる人にも会い、大分気持ちが楽になる。

一人歩きの女性（同年齢くらい）にも会う。

「主人は、ずっと先に行っていて、お互いに自分のペースがあり、いつも途中は、別々です」

のん気に話す。

彼女に合わせて、歩くわけにも行かない気分で、「お先に」と言って離れたが、「白根山はぁ……」と後ろから、「ず〜っと、楽ですよぉ〜」と声をかけてくれる。

振り返り、「ありがとう〜」

中ノ岳手前、ほぼ垂直の岩場にアルミのはしごが二脚、鎖と平行してかけてあった。そこを登り切り、笹清水の水場も過ぎ、窪地に入る。

その水場だが、ついているパイプが上を向いて曲がり、水はポトッポトッの状態だった。何とか下向きにと、少し動かすが、うまくいかず、これでは水場といえないなぁ。

水脈もどこからなのだろう。

上に樹木もなく、辺りは低い草花ばかりのように思えたが。でも、笹清水と立派な名が付いている。今日はだめだが、今まではしっかりと水場だったのだろう。

アルミはしごは、下旬に開催される「トレイルランニング」のために設置されたらしく、それが終われば、取りはずされるのだろう。この道を走るなんて、山道も荒れるじゃないかと思ったが、初めてじゃなく、今までもされているようである。

リフトの入り口で会った、あの一人歩きの女性ともすれ違った。

頂上は、向こうに見えるあれだが、あそこまでと、自分の手首の腕時計を指し、大変そうな表情をする。大分かかると。思ったより時間が、かかったと。頂上の方を振り向き、私を気遣ってくれる。

頬が上気して、うっすら汗もかいている。一所懸命行って来られたのだろう。

「ありがとう、ご苦労様」と手刀《てがたな》を切り、握りこぶしで、左手腕をたたく。

武尊山　日本武尊像

お互い、笑いながら離れる。

すぐ先の小さな池の側を通り、池は三つあった。それを過ぎ、右上に見える急な岩場を登ると、大きな銅像が建っていた。日本武尊《やまとたけるのみこと》だそうである。

ここが頂上かと思ったが、尾根に出ただけで、左側にまだ道が続いている。歩いて行くにつれ、前方の小高い所に人がいるのが見える。そこを目指して、最後に短い急坂を上ると、見えていた小さな台地の頂上に。

武尊山（沖武尊）に。

二一五八メートル、十一時三十五分着。

反対側の武尊神社からの登りの人を迎え、狭い頂上は人で一杯になった。シャッターを

武尊山下山　笹清水、中ノ岳付近

押してもらい、休憩していると、先の女の人が登って来た。

「やっと着きました。何かの縁、写真一緒に入ってください」

腕を取られ、大勢の人の中に向かって、

「写真撮ってぇ」

と、声をかける。

立ち上がった人が、ご主人だった。

（え！　その人なら、ずい分前からおられたよ）

彼は笑いながら、シャッターを押した。相手の写真に収まったが、こんなご夫婦、山行きもあるものだと。

十二時十分下山。

武尊避難小屋、十四時三十分通る。

この小屋は、山地図にも書いてあるが、「やや荒廃、近くに水場なし」の通りで、よほどの悪天候、疲れでなければ、入りたいと思わない建物である。外から見るかぎりであるが、中を見るのが怖い。ぬかるんだ道沿いにあり、土間も低く、傷んでいて、辺りの大きな木々で暗く埋もれている印象を受けた。

いつもの通り、下りは安堵の中にも、気持ちを引きしめ、用心しよう。忘れていた痛みも出てきた。

若い男性が頂上からずっと、同じ距離を保ちながら、一緒であった。写真が趣味のようで、立派なカメラを持ち、立ち止まっては、傍らの草花を。ファインダーを覗いている。大きなブナの木、根元にかがみ込み、そこには、こんもりびっしり深緑、黄緑色の苔が。そしてアイボリー色のちいさな胞子が、ニョキ、ニョキ、ニョキ。シャッターを押した。胞子の子かと思える小人がたくさんキョト、キョト、カクカク、かわいく首を振っていた映像が浮かび、思わず、「もののけ姫の世界ですね」と言うと、笑いながらうなずいた。

今日も快晴。

明日から仕事の彼に、「よいお休みになりましたね」と声をかける。

美しいブナ林が続く所で、一枚シャッターを押してもらった。

十五時十分。キャンプ場着。

すぐ下に車を置いていると言い、少しだから歩きますと、下りて行った。さっと着替えて下って行くと、途中で立ち寄ったリフト乗り場駐車場で、道路の方を向いて彼が座っている。

私を見つけると、笑いながら手を上げた。こちらも笑いながら、車の中で頭を下げる。（どうもありがとう、お世話になりました。）

山の水が豊富に流れ落ちている林道脇で車を止め、靴、ストックと洗う。

朝方、今日の宿と、目星を付けていた道路沿いの宿に、車の中から、宿泊を打診する（看板に電話番号が書いてあった）と、

「すぐ用意するので、チケットを渡すから、通りに出て、温泉に入って来て下さい」

と宿の人が、小走りに出て来た。

疲れていたので、この宿のお風呂に入り、動きたくなかったんだが、話の勢いと言うか、流れで「花咲の湯」まで、車を走らすことになる。

宿は三角屋根のおしゃれなペンションで、室内は重厚な木材の家具が、年数も加わり程良く、落ち着いた雰囲気を出していた。

夕食は、ビーフシチューとサラダ。ご主人も少し顔をのぞかせる。宿は大体、ご主人が調理するのだろうか。巻機山民宿も、そうだったな。そうだ、調理場、調理人、職業としているのは、大体男の人だもの。うっかりしていた。あまりにも身近な対応なので、思いつかなかった。

客は私一人、お給仕に奥さんが付いて下さり、マンツーマンで、少しどぎまぎする。

お二人は、脱サラしてもう二十年になると言う。

「ここを始めた頃は、今日ご案内した部屋に、もう一つベッドを入れ、まだ簡易ベッドまで持ち込んで、あの部屋に、八

武尊山下山　クサリ場を過ぎる

人が泊まったくらい、繁盛したんですが、この頃はなかなか経営が、難かしくなりました」

二人とも、サラリーマンなら、もう年金暮らしに入るお年、私とあまり変らない年齢に思えた。定年になって、暮らしを変える人達もいる中、すでに基盤が出来ている、ここの暮らしは、これからも、いいのじゃないかなと思えた。

また、奥さんいわく、

「ここのつつじの群落は、それはそれは見事で、何でみんな、これを見ないのかと、不思議に思える程です」とも。

三合平付近のことを言っておられるようだ。

そのうち彼女を相手に、次から次と、切れ目もなく、しゃべっている自分に、我ながら驚く。

野田知佑《ともすけ》さん（エッセイスト、カヌーイスト）の、アラスカ、ユーコン川をカヌーで渡った時の紀行文を読んだが、その中で、あの広大な川岸沿いに、ぽつぽつと離れて住んでいる人達をたずねると、彼を客として迎える人達は、一様に例外なく、二時間、三時間と、いや、一日だったか、しゃべり続けるという話が載っていたが、私も少なからず、その心境かも知れないと。

旅も終わりに近づき、安堵もあり、経験したことや、心の中でひとり温めていた事柄が、一度言葉にすると、次から次と浮かんでくる。話が前後して、要領の得ない状態になるのにも気がついた。

その野田さんは、徳島県の吉野川で「川の学校」なるものを、主宰されていると知ったが、今もされているのだろうか。

日光白根山　九七山目

九月十六日（火）
洗濯物は、夜の間に廊下の干し場で、ストーブをつけて下さっていたおかげで、しっかり乾いていた。足の痛みも取れている。温泉と灸も効いたのだろうし、何より宿のベッドで、ゆっくり休めたのが良かったのだろう。
宿泊代、八八〇〇円。ビール、五〇〇円。

八時二十分、ペンション出る。

九時、ロープウェイ乗り場着。

料金一八〇〇円、宿でもらった割引券で二〇〇円安くなる。

九時三十分、山頂へ出発。

本日も晴、でも天気予報は、ずっと寒気が下りて不安定。北海道大雪山、一週間も早い初冠雪と報じている。

入口で「車椅子の人は、ご相談下さい」と表示があった。上の山頂駅まで行けるように、力添え、配慮してくださるのだろう。私が車椅子になったら、上まで行けるのは、もちろん、ロープウェイに乗るのも、心が晴れるだろう。

十五分間の乗車。

まるで、自身が山越えするような、山歩きしているように、目の前の山に向かって、すれすれをゆっくり上がり切る――タラの木が、手を伸ばせば取れるくらいの位置に、足元にたくさん見えた。

ごとんと音がして動き、本当に登り切っているようだ。ゆっくり乗り越えると、今度は深い谷を見下ろしながら、前の山目指し、上がって行く。白根山へと、空へと向かって、十五分。貸し切りの楽しい空中散歩、山頂駅に着く。

展望台（足湯もある）、レストハウス、目の前に、ドーンと日光白根山が鎮座している。ここで標高二〇〇〇メートル、ちなみに下から登ると、ガイド地図では二時間十五分とある。

九時五十五分、ハウス横を回り込む。二荒山神社ののぼりが出ている。男体山には二荒山神社の奥宮がある。資料には「男体山、女峰山、太郎山などからなる日光火山群の主峰をなしているのが、この白根山」と記されている。みんな親戚みたいなもんだ。

鳥居をくぐり、登山道はすぐ横から道なりに続く。

頂上は二五七七・六メートル。しばらくはなだらかな道、途中短かい急登もありながら、七色平の道を左に見送り、急坂を傾斜が増す道を進む。深い樹林の中、山らしい道を楽しみながら、どんどん登って行く。

やがて、空が開け、景色が変る。森林限界だ。

樹林帯が背の低い木々になり、シャクナゲなど、花の時期はきれいだろうなと思われる所を通る。今は何も咲いていないが。

冊子に「シラネアオイは、この山の名がついた花、六月中～下旬頃に気品のある薄紫色の大きな花をつける。かつては弥陀ケ池の西斜面と五色沼にかけて、いたるところに群落があり、この花を見るために、白根山に登る人が多かった。しかし、鹿の食害で、急速に消えてしまい、現在柵を設けて、回復を計っている」とある。

私がシラネアオイを、しっかり見たのは、佐渡でアオネバ渓谷から、金北山へ縦走した折、七、八年前か。

四月末の連休にかかる時期に、渓谷で、確かに「気品のある薄紫色の大きな花」をつけて、一人静《ひとりしずか》、座禅草、カタクリなどに混じり、見事に咲いていた。特にカタクリは稜線上のあちらこちらに、雪の間に間に、斜面を駆け上がって行くように、足の踏み場もないほど咲いていて、「佐渡の山は、花の山」とは、よく言ったものだと感動しっぱなしだった。

その頃習っていた絵手紙の題材に、それらは登場し、グループ展での私の出展作品ともなった。シラネアオイを斜面にへばりつき、不自然な姿勢で描いたのを思い出す。

登山道は、登り切れば頂上だろうと思えるが、高山らしい砂礫《されき》地や露岩になり、きわめて歩きにくい。傾斜も結構きつく、足元の砂に足を取られる。二、三十分の登りだが、下る時に足でも引っかけころぶと、ころげ落ちるような斜面である。

先生に引率された地元の高校生が、登山道の整備をしていた。振り返れば、昨日登った武尊の山々が、麓の村、片品などを挟んで、向こうに大きく立派に連なって見える。

上に出ると台地で、小さな祠があった。窪地を少し下り、登り返すと、岩のゴロゴロした山頂に。

白根山（奥白根山）である。

十二時五分着。

狭い山頂は、シャッターを押してもらい、早々と明け渡した。

終った。私の中での百名山。九七山が。

快晴の空と、見晴らしの良かった景色が、下から上がってきた霧、雲で見え隠れする。

山頂は風が吹き荒れてもいた。

日一日と、日差し、風に、秋が近づいているのを、感じだしていたが、こんなに強い風

白根山山頂

白根山　森林限界付近

が吹いて、寒いのは初めてである。

着ていたヤッケの上に、雨具の上衣をはおるが、下はスラックスだけであったので、スウスウ寒気があがってくる。

岩陰でおにぎり一個食べ、今日は楽勝と、スケッチブックも入れてきていたが、とてもじゃない。じっとしてられない。休憩もそこそこに歩き出す。それでも、すぐには、離れ難しで、強風に吹かれながら、窪地の周りをゆっくり一巡りした。

目の前に男体山が。雲の切れ間に中禅寺湖もしっかり見えた。左側の中腹の低い所、あれが志津乗越だろうか。

おばちゃんも頑張りましたよ。

流れる雲に、見上げる空に、上州武尊山、一昨日、昨日と登った山を想い、一人胸の中で、胸の前で手を合わす。

緊張感からの解放、達成できた喜び、今、ここに立っていることに、静かに感謝する。言葉に出しても言う。

有難うございました。頑張りましたと。

十二時四十五分、下山開始。

急斜面を慎重に、ジグザグに。下るにつれて風がなくなり、樹林の中へ。

じっくり楽しみながら、下りようと。

頂上で言葉を交した夫婦が、前に見えた。

「もう、追い付かれた」

「いやいや、一人無口で歩くからです」と、のそのそするが、結局先に進む。

鳥居を出てすぐにある水場（平成の水百選）で、足元の汚れを落とした。

十四時五十五分、ロープウェイ乗車。

誘導員の人に、「いい山でした」と礼を言うと、

「上は寒かったでしょう。今年は寒くなるのが早い」と。

また一人の貸し切り状態、カメラを出して、外の景色を撮る。

気がつくと、いつも、いつでも、ずっと空を見上げていた旅、今日も今も見る。

薄雲の間に広がる、抜けるような濃く青い空、緑の樹木、だんだん大きくなる下界の赤い小さなハウスの屋根と。

十五時十分着。

駐車場でゆっくり着替えをしていると、追い抜いた夫婦が下りて来た。

「連休は、主人の休みが取れなくて、今になり、今日は泊ります」

と、所沢の人だったか。

「その方が良かったですよ。一昨日は、いろは坂下るのに、二時間かかるということでしたもの」

二人は驚いていた。

親切にしてもらってと、礼を言い、十五時四十分、駐車場を、白根山を後にする。


帰着までが登山と思い、その後を少し書き足す。

白沢高原温泉「望郷の湯」に。最後の仮眠地、赤城高原SAで、今日はおいしいものを食べようとレストランに入るが結局、カレーにコーヒー。特別な日なのに、何だか、ちょっと自分にガッカリ。実際問題、多分、胃が受け付けないが……。

地震があり、東武線に影響が出たと、ラジオ放送。

イギリス、スコットランド独立、住民投票と。後、結果、今までと同じイギリスに属するに軍配はあがった。

九月十七日（水）

五時二十五分、ＳＡ出、赤城ＩＣ降りる。中央自動車道、諏訪ＩＣをめざす。

道路沿いの民家に金木犀の花が咲いていた。高速自動車道に入り、諏訪湖ＳＡで入浴。

九月十八日（木）

吹田ＩＣ、一時二十分。通過。

今回も、三時前、帰着。

九月四日～九月十八日。九山登る。

走行距離、二〇四五キロ。

残り三山は、四国の剣山、北海道の十勝岳そして頭からパスのつもりの幌尻岳である。

先の二つは、これから行こうと思えば、しばらくは、何とかなるだろう。

一応、九七山が目標であり、納得の山、数字である。

御嶽山の噴火が報じられた――その日の、抜けるような青い空と、私の山行きでは、まだ見られなかった素晴しい紅葉のなかで。

スポーツジムの友達が、しばらく来ていない、また山へ一人で行っているのじゃないかと、心配してくれていた。

十一月には、長野県北部に大きな地震、冬を前に……。そして山にも、あちこちに変化が出ている。十勝岳にも、日本列島に……。

外科に行く。最後は痛みもおさまっていたのに、帰りの長距離運転で、ずっとアクセルを踏み込んでいたためだろうか。また痛み出した。その話をすると、先生、「すごいな。一人ですごいな」と笑うばかりであった。

痛いのに……。

レントゲンを撮り、大事にはなっていない、やはり使い痛みだろうと、念のため薬を出してくれた。

無理をしないで、日常を過ごすと、一ヶ月かかったが、治まった。

やせて、美しく（?）精悍な体になっていたのも、十月、十一月とすぎ、これもしっかり出発前の、元に戻る。

あとがき

向き合う山は、いつも自分の心、体と相談し、満山百名山と思いながらも、自分を頼りに納得できるところで良しとすると決め、歩いた幾名山である。

雄大な自然の中、空、雲、風、樹々と話し、岩の隙間で一所懸命咲いている一握りの花に励まされ、人との出会い、暖かさにも触れた山々。

世間の片すみの平凡な人間が、頼りない足で、山を岩を稜線をかけ抜けた日々を、幸せだった山の思い出を記しました。

あれから三年。男体山で励まされた、あの利発な兄妹も大きくなっただろう。札幌に行った孫達も、豊かな自然環境でのびのび育っているのを見てうれしく思う。

出版という大きなことになったのには少しのとまどいも感じるが、父が知ったら、何と言っただろう。笑っただろうか。山の会「ベル」会長、故平山實さんにも届くといいな。

「ひとりで歩いた幾名山」はここまでだが、ひとりで歩く幾名山の数は、まだ増えると思っている。私の未来に、このことを願っている。

参考にした資料は、主に昭文社「山と高原地図」です。記してお礼申し上げます。

ＳＡ利用の一人仮眠は、他人様《ひと》にあまりお勧めはできない。リスクが大きく、近年ますます治安が悪くなっている。これこそ自己責任であろう。私も携帯電話を握りしめての車中泊だった。保険は「日山協山岳共済」を毎年更新している。

著者プロフィール

伊丹 耐子（いたみ たえこ）

昭和23年、高知県生まれ。
高校卒業後、公務員（大阪府）。結婚後退職。
平成10年、福祉専門学校卒業。
読書、山歩き、スケッチ（水彩画）、水泳を趣味とする。

ひとりで歩いた幾名山

2017年12月15日　初版第１刷発行

著　者　伊丹 耐子
発行者　瓜谷 綱延
発行所　株式会社文芸社
〒160-0022 東京都新宿区新宿1－10－1
電話 03-5369-3060（代表）
03-5369-2299（販売）

印刷所　広研印刷株式会社

ISBN978-4-286-18853-9